Piraté

Guide Ultime De Kali Linux Et De Hacking Sans Fil Avec Des Outils De Test De Sécurité Et De Pénétration, Livre Pratique De Hacking D'ordinateur Étape Par Étape

Alan T. Norman

Traducteur : Ilyasse Kourriche

Avis de non-responsabilité :

Veuillez noter que les informations contenues dans ce document ne sont pas destinées à des fins éducatives et de divertissement. Tout a été fait pour fournir des informations complètes, exactes, à jour et fiables. Aucune garantie de quelque nature que ce soit n'est exprimée ou implicite.
En lisant ce document, le lecteur accepte qu'en aucun cas l'auteur ne soit responsable des pertes, directes ou indirectes, qui sont encourues suite à la publication des informations contenues dans ce document, y compris, mais sans s'y limiter, les erreurs, omissions ou inexactitudes

TABLE DES MATIÈRES

INTRODUCTION

Ce livre est destiné à servir de guide de niveau intermédiaire pour certains outils et compétences courants en matière de tests de pénétration - en particulier ceux du piratage sans fil et du maintien de l'anonymat. Le matériel est basé sur les informations de base fournies dans le livre **Hacking for Beginners**, il suppose donc que le lecteur a une certaine familiarité avec les concepts et la terminologie du hacking _**pour débutants.**_ Contrairement à **Hacking for Beginners**, ce livre se concentre davantage sur l'exécution pratique et fournit des procédures étape par étape pour l'installation de plateformes et d'outils essentiels, ainsi que la théorie derrière certaines attaques de base.

LES "QUATRE GRANDS"

Il y a quatre domaines principaux que tous les pirates informatiques devraient considérer et affiner, quel que soit leur niveau de compétence. Si vous voulez devenir un maître du piratage informatique, vous devez constamment travailler à vous améliorer dans ces quatre domaines. Ces "quatre grands" sont les connaissances, les outils, les compétences et le jugement. En lisant ce livre et en mettant ses idées en pratique, vous devez vous demander lesquels de ces domaines sont pertinents pour le concept en question. Cela vous aidera à créer un cadre pour vos capacités et à suivre vos progrès au fur et à mesure.

CONNAISSANCES

Une connaissance approfondie et large des concepts pertinents est la base de tout hacker qui réussit. L'acquisition de connaissances n'est pas seulement le début d'une carrière de hacker, mais doit être constamment entretenue en raison de la rapidité avec laquelle l'information se développe et évolue dans le monde informatique. Il existe une offre apparemment inépuisable de sources de connaissances et de domaines d'études, à tel point qu'il est probablement impossible de tout connaître. Cependant, il est essentiel de se consacrer à la recherche constante de connaissances. Il existe plusieurs domaines sur lesquels il faut se concentrer et qui sont essentiels pour une base de connaissances opérationnelle en matière de sécurité et d'exploitation informatique. Dans l'ordre successif, ils le sont généralement :

- Architecture des ordinateurs et des réseaux
- Protocoles de mise en réseau
- Sécurité de l'information et des réseaux
- Programmation informatique
- Cryptage des données
- Vulnérabilités des logiciels et du matériel
- Anonymisation

- Exploitation

Ces domaines de connaissance se chevauchent dans certains cas et le lecteur n'est certainement pas limité à la liste ci-dessus (plus il y a de connaissances, mieux c'est !), mais elle représente une bonne liste de "choses à faire" pour les autodidactes. Des informations dans tous ces domaines peuvent être trouvées dans des livres, des ebooks, des journaux, des sites web, des cours en ligne et hors ligne, des mentors personnels et des conférences, entre autres sources. Il peut être utile, si cela est abordable, de devenir diplômé ou certifié en réseau, en programmation ou en sécurité de l'information.

OUTILS

La connaissance est inutile sans les outils permettant de l'exploiter. Le hacker a besoin d'un ensemble de base d'outils matériels et logiciels qui restent fondamentalement les mêmes quel que soit son niveau de compétence. Ces outils s'accumuleront et évolueront au fil du temps, au fur et à mesure des progrès technologiques et de la défense. Les trois catégories d'outils de base nécessaires à un hacker qui réussit sont les suivantes

- Une plate-forme matérielle telle qu'un ordinateur portable ou de bureau, ou un appareil mobile

•   Appareils de mise en réseau tels que les cartes d'interface et les adaptateurs sans fil

•   Logiciels tels que les systèmes d'exploitation (y compris les machines virtuelles), les kits de développement, les applications de surveillance du réseau, les scripts et les paquets d'exploitation

La plupart des outils ne sont pas particulièrement sophistiqués, coûteux ou difficiles à obtenir. Les ordinateurs peuvent être chers, mais la plupart des opérations de piratage ne nécessitent pas la machine la plus récente et la plus rapide du marché. Pour la plupart des procédures, un ordinateur portable disposant d'une quantité raisonnable de mémoire et pouvant supporter des systèmes d'exploitation modernes est généralement suffisant. Bien que la plupart des ordinateurs soient équipés en standard de matériel de réseau, la pénétration du Wi-Fi nécessite un type spécial de puce sans fil (voir chapitre 10) qui n'est généralement pas fourni avec les adaptateurs standard. Un adaptateur USB externe doté de cette caractéristique peut cependant être obtenu à un prix relativement bas.

La quasi-totalité des logiciels nécessaires aux procédures de piratage les plus courantes sont gratuits, open-source et faciles à obtenir. Ces outils peuvent être téléchargés librement et sont fréquemment mis à jour. La plupart de ces outils sont soutenus par une riche communauté d'utilisateurs enthousiastes qui constituent une excellente ressource pour les conseils et le dépannage. Il est important pour les pirates de maintenir leurs logiciels à jour avec les dernières versions et les derniers correctifs et de surveiller la communauté pour les problèmes actuels, les solutions et les cas d'utilisation.

COMPÉTENCES

Les compétences des pirates informatiques sont acquises lorsque les connaissances et les outils sont réunis pour atteindre un objectif. En fin de compte, les compétences d'un hacker déterminent ce qu'il peut ou ne peut pas accomplir. Une fois que l'on dispose de connaissances et d'outils, la construction d'un bon ensemble de compétences nécessite une chose... la pratique.

Les compétences peuvent être pratiquées en toute sécurité dans un environnement autonome tel qu'un réseau local ou un réseau personnel, ou dans un ensemble de machines virtuelles en réseau au sein d'un même système. En outre, il existe un certain nombre de sites web, gratuits ou payants, où les pirates et les professionnels de la sécurité peuvent pratiquer des méthodes offensives et défensives dans un espace sans conséquences.

Comme toute autre compétence, les compétences en matière de piratage informatique diminueront si elles ne sont pas utilisées, que ce soit avec de la pratique ou de l'application, de manière régulière. En outre, vous ne pouvez jamais supposer qu'une fois qu'une compétence est apprise, elle reste utilisable pour toujours. La nature du piratage et de la sécurité est telle qu'elle évolue constamment et rapidement. Il fut un temps, par exemple, où l'injection SQL était une attaque simple et courante sur les sites web, mais maintenant que les administrateurs ont compris (et que le code côté serveur est devenu plus sûr), on considère qu'elle est dépassée. Une vulnérabilité récente a été découverte dans les réseaux Wi-Fi (voir chapitre 11) qui est maintenant à la pointe du progrès. Pour rester efficace, il faut rafraîchir les compétences avec les connaissances et les outils les plus récents.

JUGEMENT

Enfin, et c'est peut-être le plus important, un hacker doit toujours faire preuve d'un jugement sûr. Alors que les compétences déterminent ce qu'un hacker peut faire, le jugement détermine ce qu'il doit faire. Une grande partie des connaissances et des compétences requises pour le hacking implique la compréhension de plusieurs concepts avancés. Bien que la société moderne soit très avancée techniquement, la plupart des personnes que vous rencontrez dans la vie quotidienne n'ont qu'une fraction des connaissances requises pour comprendre, et encore moins pour exécuter, même le plus simple des piratages. Les hackers font ainsi partie d'un club assez exclusif, donnant au novice un sentiment enivrant de puissance et d'invincibilité. Mais à côté de toutes les connaissances techniques qui accompagnent l'étude du piratage, il faut aussi comprendre les différents risques et conséquences. Il est tentant de vouloir d'abord sauter dans les pieds et de pratiquer ses nouvelles compétences, mais toutes les actions doivent d'abord être tempérées par des questions sobres.

Un hacker doit avoir des objectifs clairs à l'esprit avant de se lancer dans une quelconque entreprise, même si elle n'est destinée qu'à la pratique. Toutes les actions doivent être entreprises en tenant dûment compte de ses propres normes éthiques, des attentes de la communauté et des conséquences potentielles (voir le dilemme dans la Figure 1). Une erreur courante pour les débutants est de surestimer leur niveau d'anonymat. Une erreur encore plus grave est de surestimer son niveau de compétence. Une attaque mal exécutée peut révéler l'identité du hacker ou causer des dommages involontaires ou la perte de données dans un système cible. Il faut du temps pour atteindre un niveau de compétence approprié pour n'importe quelle tâche, et l'impatience peut tout gâcher.

Figure 1 - Le dilemme du hacker

QUELQUES MOTS DE PRUDENCE

Avant de se lancer dans une mission de test de pénétration, ou de mettre en œuvre de toute autre manière les connaissances et les compétences acquises dans ce livre, le lecteur doit garder à l'esprit les conseils de prudence suivants.

UN PAYSAGE EN MUTATION RAPIDE

Plus que tout autre type d'industrie ou de technologie, le monde des ordinateurs et des réseaux d'information (tant en termes de matériel que de logiciels) est en pleine mutation. De nouvelles versions - parfois même plusieurs versions en avance - sont toujours en production avant même que les plus récentes n'arrivent sur le marché. Il n'est généralement pas possible de prévoir quand une nouvelle version, sous-version ou correctif sera publié pour un paquet donné - ou quels changements viendront avec cette publication. Le monde des logiciels à source ouverte, d'où proviennent la plupart des outils de piratage, est particulièrement chaotique. Les versions, les correctifs et la documentation sont souvent réalisés par la communauté des utilisateurs et ne sont pas nécessairement maintenus de manière centralisée par un contrôle de qualité rigoureux. Il existe plusieurs types de distributions pour les systèmes d'exploitation à source ouverte et d'autres outils, et elles ne coordonnent pas toujours les changements apportés à leur code de base. En raison de ce paysage en évolution rapide et souvent imprévisible, toute étape individuelle ou syntaxe de commande donnée pour une procédure particulière est susceptible d'être modifiée à tout moment. En outre, la mise en œuvre de certaines procédures peut varier, parfois de manière subtile et parfois de manière drastique, en fonction de la nature du matériel ou du système d'exploitation sur lequel elles fonctionnent.

Ce livre tente de présenter les informations les plus récentes, les plus courantes et les plus universelles, et il fournit des mises en garde lorsque les procédures sont connues pour être différentes. Toutefois, le lecteur doit être conscient du fait que la mise en œuvre de nombreuses procédures présentées dans ce livre s'accompagne souvent d'un grand nombre de dépannages et d'affinements des différentes étapes.

Lorsque des erreurs ou des résultats inattendus se produisent, il existe sur Internet des ressources gratuites permettant d'obtenir des informations actualisées. Les meilleurs endroits à consulter sont les sites web des hôtes des logiciels en question, et les divers forums de discussion des pirates informatiques ou des logiciels. Dans la plupart des cas, quelqu'un d'autre a déjà trouvé et publié une solution au problème que vous rencontrez.

LES LIMITES DE L'ANONYMAT

Ce livre présente plusieurs outils et méthodes permettant aux pirates informatiques (ou même aux simples internautes) de conserver un certain anonymat. Ces procédures vont de la dissimulation ou de l'obscurcissement de l'adresse IP ou MAC d'une personne à l'accès aux ressources par des canaux cryptés ou à sauts multiples. Cependant, il est important de comprendre que la nature de la communication rend pratiquement impossible pour quiconque de maintenir un anonymat à 100 %. Une partie motivée et bien financée, qu'il s'agisse d'une organisation criminelle ou gouvernementale (ou des deux, dans certains cas) peut très souvent déterminer les informations qu'elle recherche.

Dans de nombreux cas, il suffit d'une seule erreur mineure de la part de la personne qui souhaite rester anonyme pour révéler son emplacement ou son identité. La nature des activités de cette personne déterminera généralement les ressources que d'autres personnes sont prêtes à consacrer pour la retrouver. Il est toujours possible de maintenir un degré élevé de confiance dans son anonymat en mettant correctement en œuvre plusieurs méthodes simultanément. Dans de nombreux cas, cela rendra le temps nécessaire pour retrouver une personne prohibitif et coûteux. En fin de compte, vous ne devez jamais supposer que vous êtes totalement sûr ou anonyme.

CONSÉQUENCES JURIDIQUES ET ÉTHIQUES

Hacking for Beginners présente une analyse détaillée des différentes questions juridiques et éthiques qui doivent être prises en compte avant d'entreprendre le piratage informatique comme passe-temps ou carrière. Ce livre présente les informations de manière factuelle et encourage l'utilisateur à utiliser les connaissances acquises avec soin et diligence. Aucun des outils ou procédures décrits dans ce livre n'est illégal ou même contraire à l'éthique lorsqu'il est utilisé dans le bon contexte. En fait, ils sont essentiels pour comprendre la nature des menaces modernes à la sécurité de l'information et pour s'en protéger. En outre, il est courant et conseillé de mener des attaques contre ses propres systèmes afin d'identifier et de corriger les vulnérabilités. Tenter d'accéder à un système ou de le compromettre sans l'autorisation de son propriétaire n'est pas recommandé, surtout pour les débutants inexpérimentés, et pourrait entraîner de graves conséquences, y compris des poursuites pénales. Assurez-vous de bien comprendre les lois et les sanctions - qui peuvent varier selon le pays et la localité - et, comme mentionné ci-dessus, ne comptez pas sur l'anonymat pour vous protéger.

CHAPITRE 1. KALI LINUX

Pour se lancer dans le piratage sans fil, il faut d'abord se familiariser avec les outils du métier. Aucun outil n'est plus précieux, surtout pour un hacker débutant, que Kali Linux. Ensemble de logiciels d'analyse et de pénétration gratuits, stables, bien entretenus et étonnamment complets, Kali a évolué dans le creuset des distributions Linux à source ouverte et s'est imposé comme le roi de tous les systèmes d'exploitation pour hackers. Ce successeur de la célèbre distribution BackTrack possède tout ce dont un hacker a besoin, des débutants aux experts aguerris.

UNE BRÈVE HISTOIRE D'UNIX ET DE LINUX

Au début des années 1970, le système d'exploitation Unix - abrégé en UNICS (UNiplexed Information and Computing Service) - est issu d'un projet défunt d'AT&T Bell Labsto qui permettait aux utilisateurs d'accéder simultanément aux services informatiques centraux. Avec la formalisation et la popularité croissante d'Unix, il a commencé à remplacer les systèmes d'exploitation natifs sur certaines plates-formes mainframe courantes. Écrit à l'origine en langage assembleur, la réécriture d'Unix en langage de programmation C a amélioré sa portabilité. Finalement, plusieurs versions d'Unix, y compris celles pour les micro-ordinateurs, ont émergé sur le marché commercial. Plusieurs dérivés de systèmes d'exploitation populaires, appelés "Unix-like", ont pris forme dans les décennies suivantes, notamment le système d'exploitation Mac d'Apple, Solaris de Sun Microsystem et BSD (Berkeley Software Distribution).

Les efforts pour créer une version librement disponible d'Unix ont commencé dans les années 1980 avec le projet de licence publique générale (GPL) de GNU ("GNU's Not Unix"), mais n'ont pas réussi à produire un système viable. Cela a conduit le programmeur finlandais Linus Torvalds à s'attaquer au développement d'un nouveau noyau Unix (le module de contrôle central d'un système d'exploitation) en tant que projet étudiant. En utilisant le système d'exploitation éducatif Minix, similaire à Unix, Torvalds a codé avec succès un noyau de système d'exploitation en 1991, rendant le code source librement disponible pour le téléchargement et la manipulation publique sous la licence GNU GPL. Le projet a finalement été nommé Linux (une combinaison du prénom de Torvalds, "Linus", avec "Unix").

Bien que le terme Linux se réfère initialement uniquement au noyau développé par Torvalds, il en est venu à désigner tout ensemble de systèmes d'exploitation basé sur le noyau Linux. Étant un effort d'open-source, diverses distributions de Linux ont évolué au cours des décennies avec des ensembles uniques de bibliothèques logicielles, de pilotes de matériel et d'interfaces utilisateur. La flexibilité et l'efficacité de Linux ont conduit à une large adoption par les passionnés d'informatique et certaines grandes organisations, à la fois par mesure d'économie et pour contourner le monopole de Microsoft sur les systèmes d'exploitation.

Comme la plupart des logiciels grand public et professionnels populaires sont écrits pour les plates-formes Microsoft et Apple, Linux n'a jamais eu l'omniprésence ou l'attrait commercial des systèmes d'exploitation Windows et Macintosh pour PC. Cependant, la flexibilité, la portabilité et la nature open-source de Linux en font un outil idéal pour la création de distributions légères et très personnalisées qui répondent à des besoins très spécifiques. Ces distributions sont généralement construites à partir du noyau - en n'installant que les bibliothèques et les composants minimums nécessaires pour atteindre les objectifs du matériel hôte. Cette approche produit des paquets de systèmes d'exploitation qui utilisent un minimum de mémoire, de stockage et de ressources processeur et présentent moins de vulnérabilités en matière de sécurité. Linux, ainsi que la syntaxe et la structure Unix sur lesquelles il est basé, est une partie essentielle de la boîte à outils et de la base de connaissances d'un hacker moderne.

Des centaines de distributions Linux individuelles commerciales et à code source ouvert ont vu le jour et fonctionnent actuellement sur tout, des petits appareils personnels tels que les téléphones et les montres intelligentes aux ordinateurs personnels, aux serveurs centraux et au matériel militaire. La plupart de ces distributions se sont dérivées d'une poignée de paquets Linux antérieurs, dont Debian, Red Hat et SLS.

DEBIAN LINUX ET KNOPPIX

Debian, l'un des premiers projets de distribution Linux ouverte, a été consciemment créé pour rester libre et ouvert tout en maintenant des normes de qualité élevées. Debian a eu plusieurs distributions majeures de son propre chef, en plus de douzaines de projets dérivés qui utilisent le noyau et la base de bibliothèques de Debian. Alors que deux de ces projets, Linspire et Ubuntu (une distribution très populaire) étaient principalement destinés aux utilisateurs de PC domestiques, le projet Knoppix a été conçu pour être exécuté en direct à partir d'un support externe, tel qu'un CD-ROM. Cela - ainsi que sa capacité à s'interfacer avec un large éventail de matériel - a fait de Knoppix un outil idéal pour le dépannage, le sauvetage de données, la récupération de mots de passe et d'autres opérations utilitaires.Knoppix a été une base naturelle à partir de laquelle ont été développées les différentes sous-

distributions de sécurité, de tests de pénétration et de médecine légale qui ont ensuite vu le jour.

Retour Sur Linux

Deux distributions basées sur Debian Knoppix qui se sont concentrées sur les tests de pénétration étaient WHAX (anciennement Whoppix) et l'Auditor Security Collection. Les deux projets fonctionnaient sur des CD en direct et comportaient un important dépôt d'outils de tests de pénétration. WHAX et Auditor Security ont finalement fusionné dans la fameuse distribution connue sous le nom de BackTrack.

Kali Linux

La suite complète de sécurité offensive et défensive incluse dans BackTrack Linux en a fait l'outil de choix pour les amateurs, les professionnels de la sécurité, les testeurs de pénétration légitimes et les pirates informatiques. Le développeur de BackTrack, Offensive Security, a finalement réécrit la distribution, en renommant le projet Kali Linux. Les paquets d'installation de Kali et les images des machines virtuelles sont disponibles gratuitement. Offensive Security propose également des cours payants sur la sécurité avec Kali, ainsi que des certifications professionnelles et un environnement de test d'intrusion en ligne.

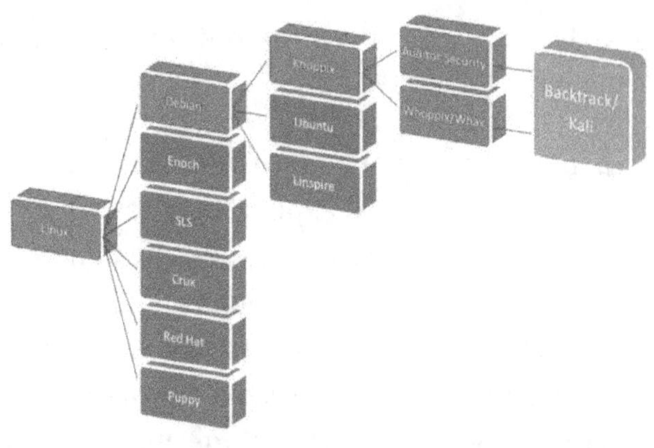

Figure 2 - Évolution de Kali Linux

OUTILS KALI

La pièce maîtresse de Kali Linux, et la raison principale de sa popularité auprès des pirates et des professionnels de la sécurité, est sa suite d'outils gratuits, vaste et bien organisée. Kali propose actuellement plus de 300 outils, dont la collecte passive d'informations, l'évaluation des vulnérabilités, la criminalistique, le craquage de mots de passe, l'analyse de réseau, le piratage sans fil et un ensemble puissant d'outils d'exploitation. Bien que tous les outils inclus dans Kali soient gratuits et à code source ouvert et puissent être téléchargés et intégrés à la plupart des dérivés de Linux (basés sur Debian), disposer d'un système d'exploitation testé et approuvé, livré en natif avec un tel ensemble d'outils, est une ressource inestimable.

Parmi les outils les plus utiles qui accompagnent Kali, on trouve

MetasploitFramework-Metasploit est une plateforme populaire d'exploitation des vulnérabilités contenant divers outils d'analyse et de pénétration. Elle propose de multiples options d'interface utilisateur et offre à l'utilisateur la possibilité d'attaquer presque tous les systèmes d'exploitation. Kali contient également ***Armitage***, une plate-forme de gestion graphique qui aide l'utilisateur à organiser les opérations et les interactions entre les différents outils Metasploit lors d'une attaque.

Wireshark - Wireshark est un outil multi-plateforme d'analyse du trafic réseau en temps réel. Tout le trafic sur un nœud de réseau choisi est capturé et décomposé en métadonnées de paquets utiles, y compris l'en-tête, les informations de routage et la charge utile. Wireshark peut être utilisé pour détecter et analyser les événements de sécurité du réseau et pour dépanner les défaillances du réseau.

John the Ripper - John the Ripper est un outil légendaire de craquage de mots de passe contenant de multiples algorithmes d'attaque de mots de passe.

Bien qu'il ait été initialement écrit exclusivement pour Unix, John the Ripper est maintenant disponible sur plusieurs plates-formes de systèmes d'exploitation. L'une de ses caractéristiques les plus utiles est sa capacité à détecter automatiquement le type de cryptage de mot de passe "hash". La version gratuite de John the Ripper disponible sur Kali permet de craquer de nombreux algorithmes de hachage de mots de passe, mais pas autant que son homologue commercial.

Nmap- Nmap, abréviation de network map ou network mapper, est un outil de piratage courant qui est essentiel pour les tests de pénétration. Nmap permet à l'utilisateur de scanner un réseau pour tous les hôtes et services réseau connectés, en fournissant une vue détaillée de la structure et des membres du réseau. En outre, Nmap fournit une liste des systèmes d'exploitation installés sur chaque hôte ainsi que de ses ports ouverts. Cela permet à l'utilisateur de se concentrer sur les vulnérabilités connues pendant l'exploitation.

Aircrack-ng - Aircrack-ng est le progiciel par excellence pour l'analyse et les tests de pénétration des réseaux sans fil. Il se concentre sur les protocoles de cryptage **WEP** (Wired Equivalent Privacy), **WPA** (Wi-Fi Protected Access) et **WPA2-PSK** Wi-Fi. Cet outil comprend des outils de reniflage de paquets sans fil, d'injection de paquets, d'analyse de réseaux sans fil et de craquage de mots de passe cryptés. Le craquage nécessite un matériel d'interface réseau qui prend en charge la fonctionnalité du *mode surveillance*. Kali dispose également d'un outil de piratage sans fil plus graphique, appelé *Fern*.

BurpSuite-BurpSuite est une collection d'outils qui se concentre sur l'exploitation des applications web. Ces programmes interagissent non seulement pour tester les vulnérabilités des applications, mais aussi pour lancer des attaques.

La liste ci-dessus n'est en aucun cas complète, mais elle constitue un échantillon représentatif de la puissance et de la flexibilité que Kali Linux offre en tant que plateforme pour les tests d'intrusion et pour la sécurité informatique en général. Kali peut être exécuté en direct à partir d'un support optique ou USB, en tant que système d'exploitation autonome sur un poste de travail de bureau ou portable, comme alternative dans un système multiboot, ou dans une machine virtuelle à l'intérieur d'un autre système d'exploitation hôte. Le chapitre suivant décrit comment installer et configurer Kali sur différents systèmes d'exploitation afin de créer un environnement approprié pour le piratage et les tests de pénétration.

CHAPITRE 2. CRÉATION D'UN ENVIRONNEMENT DE PIRATAGE

Pour commencer le piratage sans fil, il faut d'abord mettre en place un environnement approprié pour ses outils, en commençant, bien sûr, par l'installation de Kali Linux, qui se divise en trois grandes catégories, selon les besoins et le matériel de l'utilisateur :

1)   Installation du matériel
a.   Autonome
b.   Double/multi-boot
2)   Installation virtuelle
3)   Installation de médias externes

Chaque type d'installation a ses propres avantages et inconvénients, et le meilleur choix dépend surtout de l'utilisation prévue du logiciel. Kali n'a pas été écrit pour être un produit de consommation "quotidien" avec le logiciel typique apprécié par les utilisateurs occasionnels, donc l'installation en tant que système d'exploitation autonome sur un ordinateur personnel n'est pratique que si cette machine particulière sera dédiée aux activités de tests de pénétration. Kali peut également être installé sur le disque dur dans un scénario de double démarrage ou de multi-démarrage avec d'autres installations de systèmes d'exploitation si l'espace le permet. Souvent, Kali Linux est installé dans un logiciel de virtualisation à l'intérieur d'un autre système d'exploitation, qu'il soit Linux ou autre. Cet arrangement consomme plus de ressources, mais offre au pirate une plus grande souplesse et lui permet de pratiquer des attaques sur d'autres machines virtuelles au sein de l'hôte. Kali peut également être utilisé comme un système d'exploitation "live" amorçable lorsqu'il est installé sur un support externe amovible tel qu'un CD-ROM ou une clé USB. Comme les lecteurs de disques optiques sont de moins en moins courants, un support USB est plus pratique pour les installations externes.

L'avantage d'une distribution "live" est qu'elle peut être utilisée sur plusieurs machines et que certains des outils numériques de police scientifique inclus dans Kali Linux fonctionnent mieux en dehors de la structure de démarrage d'une machine cible. Ce chapitre se concentrera sur les procédures d'installation matérielle et virtuelle.

INSTALLATION DE KALI LINUX SUR UN DISQUE DUR

Les dernières versions de Kali Linux ont les exigences minimales suivantes pour une machine hôte :

1)   Disque dur de 10 Go (20 Go recommandés)
2)   512 Mo de RAM (1 Go recommandé)

L'utilisateur aura également besoin d'un port USB ou

d'un lecteur de CD-ROM pour démarrer l'installation. Il est recommandé que la machine hôte dispose d'une sorte d'interface réseau, bien sûr, pour les mises à jour logicielles et pour la connectivité dans le cadre des tests de pénétration.

Que vous installiez Kali Linux en tant que système d'exploitation autonome ou dans le cadre d'un système multiboot, la première étape de l'installation consiste à obtenir la dernière image disque ISO (conforme à l'Organisation internationale de normalisation) d'Offensive Security et à la copier sur un support externe. Une liste des dernières versions peut être trouvée à l'adresse http://www.kali.org/downloads/

Il est recommandé que les images ISO soient obtenues du développeur, et non d'une tierce partie ou d'une source de partage de fichiers, afin de garantir l'intégrité du code.

Kali Linux Downloads

Download Kali Linux Images

We generate fresh Kali Linux image files every few months, which we make available for download. This page provides the links to **download Kali Linux** in it's latest release. For a release history, check our Kali Linux Releases page. Please note: remaining torrent files for the 2016.2 release will be posted in the next few hours.

Image Name	Direct	Torrent	Size	Version	SHA1Sum
Kali Linux 64 bit	ISO	Torrent	2.9G	2016.2	25cc6d53a8bd8886fcb468eb4fbb4cdfac895c65
Kali Linux 32 bit	ISO	Torrent	2.9G	2016.2	9b4e167b0677bb0ca14099c379e0413262eefc8c
Kali Linux 64 bit Light	ISO	Torrent	1.1G	2016.2	f7bdc3a50f1772266b3badc3d3eafcf1d59b9a5e6
Kali Linux 32 bit Light	ISO	Torrent	1.1G	2016.2	3b637e4543a9de7ddc709f9c1404a287c2ac62b0

Figure 3 - Page de téléchargement de Kali Linux ISO (2/2/17)

L'ISO est disponible en versions 32 bits et 64 bits selon l'architecture du processeur de la machine hôte. Notez que la version 64 bits ne fonctionnera pas sur un processeur 32 bits. Vous pouvez télécharger l'ISO directement à partir du lien correspondant ou via le lien du torrent si vous disposez d'un client torrent. Un hash AnSHA1Sum est donné pour chaque fichier ISO. Une fois que le fichier a été téléchargé, son hachage peut être lu à l'aide d'un logiciel de somme de contrôle et comparé à la chaîne donnée. Si les chaînes ne correspondent pas exactement, le fichier est compromis et ne doit pas être utilisé. Cette procédure de checksum permet de se prémunir contre les téléchargements corrompus ou détournés (pas d'honneur pour les voleurs !).

Après avoir téléchargé la version souhaitée de Kali Linux, gravez-la sur un CD-ROM ou copiez-la sur une clé USB amorçable (suivez les instructions de la section X pour créer une clé USB amorçable).

INSTALLATION AUTONOME

Avant de commencer une installation autonome de Kali Linux, il est important de comprendre que la procédure **écrasera toutes les données existantes sur le disque hôte**. Cela inclut le système d'exploitation existant, le cas échéant, ainsi que tout autre fichier ou logiciel.

Les étapes pour une installation autonome sont les suivantes :

1)	Garantir une architecture minimale de matériel et de puces

Vérifiez que votre machine hôte répond aux exigences matérielles minimales de Kali (actuellement 10 Go de stockage et 512 Mo de RAM) et qu'elle peut prendre en charge une installation 64 bits (si ce n'est pas le cas, utilisez la version 32 bits).

2)	Sauvegarder les fichiers sur le disque dur de l'hôte

Comme l'installation écrasera toutes les données

existantes sur le disque dur de l'hôte, il faut transférer ou sauvegarder tous les fichiers ou paramètres nécessaires (c'est-à-dire sur un lecteur en nuage, un lecteur flash, un CD, un DVD ou un disque dur externe).

3)   Veiller au bon ordre des bottes

Redémarrez votre machine hôte et entrez dans le menu du BIOS. Naviguez jusqu'à la section de l'ordre de démarrage (les menus varient d'un ordinateur à l'autre) et assurez-vous que votre lecteur optique (CD/DVD/BR) ou les ports USB, selon le support choisi, figurent en premier dans la liste.
L'ordre d'amorçage peut être modifié, si vous le souhaitez, après l'installation. Veillez à enregistrer les paramètres du BIOS lorsque vous quittez le menu du BIOS.

4)   Charger l'ISO
Après avoir modifié le BIOS, éteignez complètement la machine hôte, insérez le support optique ou USB qui contient l'ISO, puis remettez l'ordinateur sous tension. Le menu de démarrage de Kali peut prendre quelques instants pour s'afficher.

5)   Suivez les instructions d'installation

Lorsque le menu de démarrage de Kali apparaît, sélectionnez l'option Installation graphique.

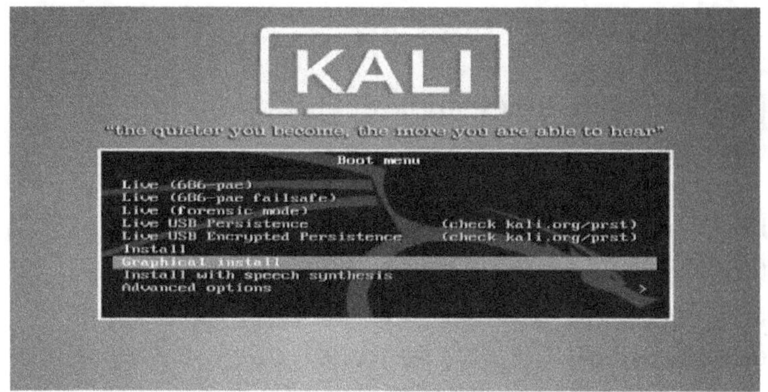

Figure 4 - Menu de démarrage de Kali Linux

Les étapes d'installation suivantes comprennent les options générales recommandées aux utilisateurs débutants de Kali. Dans la plupart des cas, les options recommandées sont déjà mises en évidence par défaut sur chaque écran de menu. Ces étapes supposent que votre machine hôte dispose d'une connexion réseau en direct - un menu peut apparaître pour la configuration du réseau sans fil ou câblé. Si vous n'avez pas de connexion réseau, il peut y avoir de légères différences dans les options de votre menu. Notez que cette partie de la procédure sera presque identique pour les installations multi-boot et virtuelles.

I.   Sélectionnez une langue>> [Sélectionnez la langue de votre choix]

II.   Sélectionnez votre localisation>> [Sélectionnez votre localisation]

III.   Configurer le clavier>> [Sélectionnez le

clavier souhaité]

(Kali configure le réseau, ce qui peut prendre quelques instants)

IV.	Configurer le réseau>> [utiliser le nom d'hôte par défaut "kali" ou choisir le vôtre]
o	Nom de domaine>> [ce champ peut être laissé vide s'il n'est pas requis par votre réseau]
V.	Définir les utilisateurs et les mots de passe
o	Mot de passe racine>> [choisir un mot de passe "root" (administrateur)]
o	Nom réel de l'utilisateur non racine>> [choisissez un nom d'identification pour votre compte d'utilisateur non privilégié]
o	Nom d'utilisateur non racine>> [choisissez un nom d'utilisateur pour votre compte d'utilisateur non privilégié]
o	Mot de passe non racine>> [choisissez un mot de passe pour votre compte d'utilisateur non privilégié]

VI.	Configurer l'horloge>> [choisissez votre fuseau horaire]

VII.	Disques de partitionnement>>["Guidé - utiliser le disque entier"]>>[Choisissez le disque dur d'installation pour votre machine hôte]>>["Tous les fichiers dans une partition"]>>["Terminer le partitionnement et écrire les modifications sur le disque"]].
o	Ecrire les changements sur les

disques ? [Oui].

(Kali installe... peut prendre plusieurs minutes)

VIII.   Configurer le gestionnaire de paquets
o   Utiliser un miroir de réseau ? >> [Oui]
Informations sur le mandataire HTTP>> [Entrez votre
mandataire ou laissez vide] (Kali configure... plusieurs
minutes)

IX.   Installez le chargeur de démarrage GRUB sur
le disque dur
o   Installez le chargeur de démarrage
GRUB sur la fiche de démarrage principale>>
[Oui]

o   Périphérique d'installation du
chargeur de démarrage>> [Choisissez le disque dur
d'installation pour votre machine hôte]

(Kali installe... plusieurs minutes)

X.   Terminer l'installation>> [Continuer]

(Kali installe... plusieurs minutes)

Après l'installation, Kali redémarre automatiquement
votre machine. Si votre ordinateur démarre sur
l'écran du menu de démarrage d'origine (Figure 4),
éteignez la machine, retirez le CD d'installation ou la
clé USB, puis rallumez.

L'ajout de Kali Linux comme option de démarrage sur un ordinateur avec un ou plusieurs systèmes d'exploitation existants nécessite l'allocation d'un espace de disque dur séparé. Notez qu'une mauvaise manipulation des partitions du disque peut entraîner la perte de données et doit être effectuée avec précaution. Il est recommandé de sauvegarder les fichiers et les données avant de manipuler les partitions. Étant donné que chaque système d'exploitation possède son propre utilitaire de gestion de disque (en plus de certains logiciels tiers disponibles), vous devez vous référer aux instructions de partitionnement de l'espace sur votre système d'exploitation d'origine.

1.	Sur le disque dur sur lequel vous allez installer Kali Linux comme option de démarrage, allouez une nouvelle partition de 20 Go (recommandée) en utilisant l'utilitaire de gestion de disque de votre système d'exploitation actuel ou un autre logiciel utilitaire de disque.
2.	Suivez les étapes 1 à 4 de la section précédente pour commencer l'installation de Kali sur un support externe.
3.	Commencez l'étape 5 de la section précédente, en vous arrêtant avant la sous- étape "Disques de partition" (5.VII).
4.	Choisissez l'option de partitionnement

"Manuel" et continuez.

5.	Dans la liste des partitions sur l'écran suivant, mettez en évidence la partition créée pour Kali à l'étape 1 ci-dessus. Veillez à ne sélectionner que la partition destinée à Kali, sinon les autres données seront effacées. Continuez.

6.	Dans la liste "Paramètres de la partition", sélectionnez "Supprimer la partition" et continuez.

7.	L'écran suivant devrait maintenant indiquer que la partition Kali prévue a "FREE SPACE". Sélectionnez à nouveau cette partition et continuez.

8.	Sur l'écran "Comment utiliser l'espace libre", sélectionnez "Partitionner automatiquement l'espace libre" et continuez.

9.	Pour "Schéma de partitionnement", sélectionnez "Tous les fichiers dans une partition" et continuez.

10.	Enfin, sélectionnez "Terminer le partitionnement et écrire les changements sur le disque", continuez et sélectionnez "Oui" pour confirmer les changements d'écriture. Continuez, et reprenez l'installation à l'étape 5.VIII.

INSTALLATION DE KALI LINUX SUR UNE MACHINE VIRTUELLE

Les progrès en matière de vitesse des processeurs, l'avènement des puces multicœurs et multiprocesseurs, l'augmentation de la taille de la mémoire et du stockage des données ont fait de la virtualisation matérielle un moyen viable et pratique d'exécuter plusieurs plateformes logicielles sur un seul appareil informatique. L'exécution de systèmes d'exploitation au sein d'une VM présente des avantages car elle élimine le besoin de plusieurs pièces de matériel coûteux et rend pratique l'utilisation de distributions hautement spécialisées telles que Kali. En outre, l'utilisation de logiciels de test de pénétration au sein d'un même hôte permet aux pirates de pratiquer des attaques dans un environnement "sandbox" sûr, en ciblant diverses autres VM au sein de l'hôte. L'inconvénient de l'utilisation d'un système d'exploitation au sein d'une VM est qu'il y a une concurrence pour les ressources de l'hôte, et que les capacités du matériel virtuel sont limitées à celles de la machine hôte.

Un logiciel de machine virtuelle riche en fonctionnalités et en fonctions est disponible gratuitement. Les applications de VM gratuites les plus courantes sont Virtualbox et VMware Player (dont les versions commerciales sont dotées de fonctionnalités supplémentaires). QEMU est une option à source ouverte qui fonctionne uniquement sous Linux. Ce livre utilisera Virtualbox pour démontrer une installation virtuelle de Kali car il est disponible pour les systèmes Windows, Macintosh, Linux et même Sun.

INSTALLATION DU LOGICIEL DE VIRTUALISATION

La Virtualbox est une application populaire de machine virtuelle multi-plateforme et à code source ouvert. La procédure d'installation est la suivante :

1.   Garantir des spécifications minimales

Virtualbox est conçue pour fonctionner sur des architectures x86 (puces Intel ou AMD, etc.) et il est recommandé que la machine hôte dispose d'au moins 1 Go de RAM. En outre, la machine hôte doit disposer d'un espace disque libre suffisant pour accueillir les systèmes d'exploitation des machines virtuelles que vous avez l'intention d'installer.

2.   Activer la virtualisation du matériel

Si vous utilisez un ordinateur hôte Windows ou Linux, redémarrez votre ordinateur et entrez dans le menu du BIOS. Naviguez jusqu'à l'option de virtualisation (les menus varient d'un ordinateur à l'autre) et assurez-vous qu'elle est activée. Veillez à enregistrer les paramètres du BIOS lorsque vous quittez le menu du BIOS.

Le matériel Macintosh n'utilise pas le BIOS de la même manière que les ordinateurs "PC". La virtualisation du matériel, si elle n'est pas déjà activée, doit être définie via la ligne de commande dans l'application du terminal. Il s'agit d'une procédure avancée nécessitant un accès root, et la syntaxe de la commande peut varier selon les versions de Mac OS. Consultez votre documentation ou le fabricant pour savoir comment activer la virtualisation sur le matériel Macintosh.

1.   Télécharger les fichiers d'installation

Le code source et les distributions binaires les plus récents peuvent être obtenus à l'adresse (Figure 5) :

https://www.virtualbox.org/wiki/Downloads

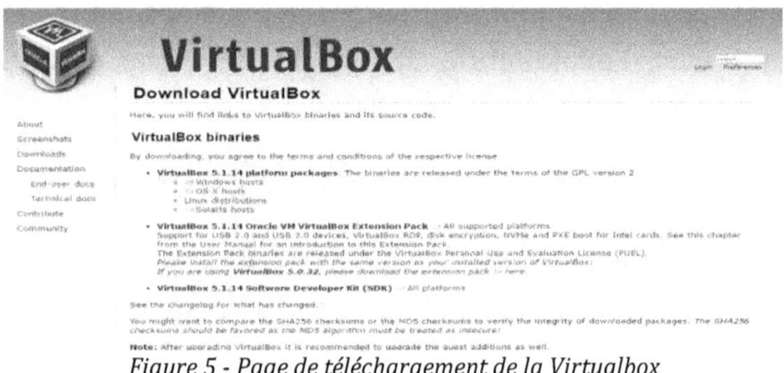

Figure 5 - Page de téléchargement de la Virtualbox

Windows

Le lien "Hôtes Windows" fournit un fichier d'installation binaire Windows .exe. La documentation sur le site web Virtualbox énumère les versions Windows supportées de la version actuelle.

Macintosh OS X

Le lien "OS X hosts" fournit un fichier image disque .dwg Mac OS X.

Linux

Le lien "Distributions Linux" lance une nouvelle page répertoriant divers paquets Virtualbox pour différentes distributions Linux. Toutefois, il est recommandé de télécharger et d'installer Virtualbox via les dépôts de paquets de votre distribution Linux individuelle (voir étape 4)

2.   Installer Virtualbox

Windows

L'ouverture du fichier exécutable d'installation de Windows lancera un dialogue d'installation typique de Windows. Suivez les instructions d'installation. Les options d'installation et les choix d'applications supplémentaires dépendent de vos préférences individuelles.

Macintosh OS X

L'ouverture de l'image disque .dwg permet de monter l'image et d'ouvrir une fenêtre contenant le fichier d'installation de Virtualbox ".mpkg" OS X. Lancez le fichier .mpkg pour commencer l'installation et suivez les instructions. Les options d'installation et les choix d'applications supplémentaires dépendent de vos préférences individuelles.

Linux (dérivé de Debian)

La plupart des distributions Linux modernes sont des dérivés des noyaux originaux de Debian et de Fedora (par exemple Red Hat). Pour illustrer l'installation de Virtualbox sur un système d'exploitation Linux, les étapes suivantes décrivent l'installation telle qu'elle s'applique à un système Ubuntu Linux (un dérivé de Debian). L'installation pour d'autres distributions Linux peut varier en termes de syntaxe et d'emplacement des dépôts. Ces étapes doivent s'appliquer aux versions les plus récentes de Debian.

Pour installer Virtualbox à partir d'un dépôt Ubuntu en utilisant le centre logiciel :

I.	Ouvrez l'application "Ubuntu Software" dans le menu de lancement.
II.	Tapez "virtualbox" dans la ligne de recherche en haut. VirtualBox devrait apparaître dans la liste de paquets résultante (Figure 6).

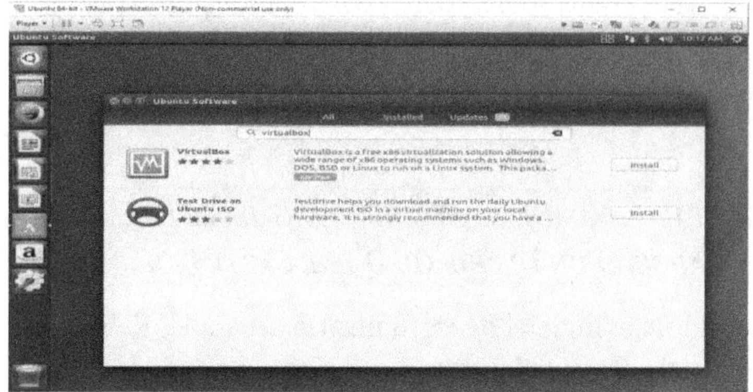

Figure 6 - VirtualBox dans le centre logiciel Ubuntu

III.   Cliquez sur "Installer" à côté du paquet VirtualBox.

IV.   Si on vous le demande, entrez votre mot de passe pour authentifier l'accès à la racine.

V.   L'installation se fera automatiquement pendant une courte période.

Pour installer VirtualBox à partir d'un dépôt Ubuntu en utilisant la ligne de commande :

I.   Ouvrez la console en ligne de commande Ubuntu, nommée "Terminal".

II.   Tapez les informations suivantes pour mettre à jour le dépôt de logiciels (entrez le mot de passe de root si on vous le demande) :

#sudo apt-get update

#sudo apt-get install virtualbox

III.   L'installation se fera automatiquement pendant une courte période.

INSTALLATION DE LA MACHINE VIRTUELLE KALI LINUX À PARTIR D'UN DISQUE OU D'UNE CARTE ISO

Une fois le logiciel de virtualisation installé, Kali Linux peut être installé sur l'hôte comme une machine virtuelle. Dans cet exemple, VirtualBox sera à nouveau présente pour illustrer la procédure :

I.   Ouvrez VirtualBox sur votre machine hôte.

II.   Cliquez sur "Nouveau" pour créer une nouvelle VM.

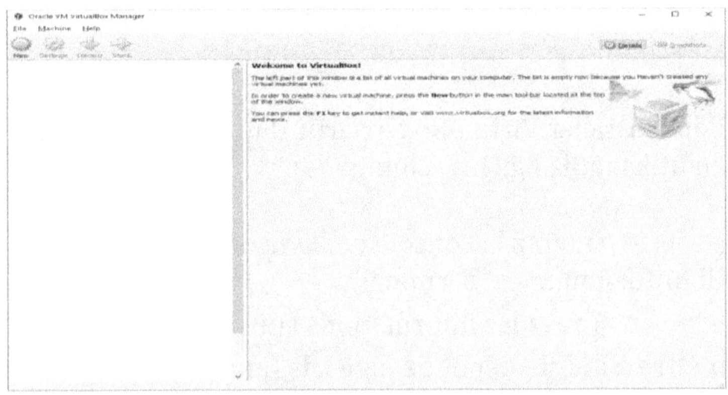

Figure 7 - Écran principal de la Virtualbox

III.   Suivez la boîte de dialogue de l'assistant "Créer une machine virtuelle", en utilisant les paramètres recommandés ci-dessous :

a. **Nom et système d'exploitation**

Nom>> [Kali Linux] (ou tout ce que vous choisissez)

Type>> [Linux]

Version >> [Debian (64-bit)] (32 bit si applicable)

b. **Taille de la mémoire** >> [1024 MB]
c. **Disque dur** >> [Créer un disque dur virtuel maintenant]

d. **Type de fichier du disque dur** >> [VDI (VirtualBox Disk Image)]
e. **Stockage sur disque dur physique** >> [alloué dynamiquement].
f. **Emplacement et taille du** fichier - utilisez le nom de fichier par défaut du disque dur fourni. Il est recommandé d'allouer 10 Go - 20 Go pour le disque virtuel.

IV.   La machine virtuelle Kali que vous avez créée apparaîtra désormais dans la liste des VM de la fenêtre principale de VirtualBox. La VM Kali étant en surbrillance, cliquez sur le bouton "Paramètres" de la barre d'outils pour lancer la boîte de dialogue des paramètres.

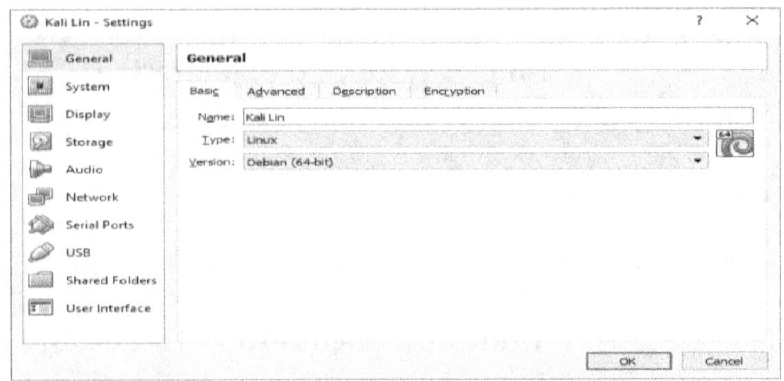

Figure 8 - Paramètres généraux de la Virtualbox

V.   Définissez les paramètres recommandés suivants en naviguant dans les options et les onglets du menu des paramètres (modifiez les autres options si vous le souhaitez) :

a.   **Système>> Processeur>>** Processeur(s**) >> [2 ou** plus]

b.   **Système>> Processeur >> Fonctionnalités étendues >> [Activer** PAE/NX]

VI.   Dans les paramètres de "Stockage", mettez en évidence l'icône "Vider" du disque du contrôleur IDE dans l'arborescence de stockage. Sous "Attributs", cliquez sur l'icône du disque "Optical Drive" et naviguez jusqu'à l'emplacement du fichier Kali Linux .iso téléchargé au début de ce chapitre. Cliquez sur "Ok" pour enregistrer et fermer les paramètres.

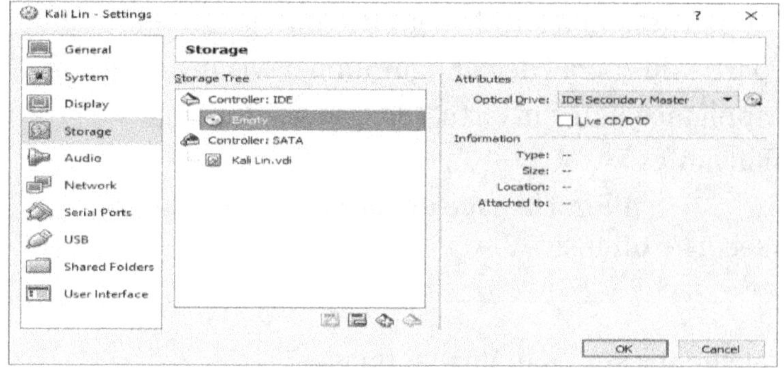

Figure 9 - Paramètres de stockage de la Virtualbox

VII.   Dans la fenêtre principale de VirtualBox, avec la VM de Kali en surbrillance, cliquez sur "Start" pour lancer la VM.

VIII.   Une nouvelle fenêtre s'ouvrira, permettant d'accéder à l'écran de démarrage initial de Kali. Suivez les instructions d'installation graphiques données dans les étapes d'installation plus haut dans ce chapitre. À l'étape 5.IX, "Installer le chargeur de démarrage GRUB sur le disque dur", assurez-vous de sélectionner le lecteur virtuel Kali Linux créé lors de l'installation de la VM. Effectuez le reste des étapes d'installation.

Installation d'une Machine Virtuelle Kali Linux Pré-Configurée

Certaines machines virtuelles d'OS sont disponibles préconfigurées pour une application de virtualisation particulière. Ces machines sont appelées "appliances" et permettent à l'utilisateur de contourner une grande partie du travail de configuration. Pour installer une appliance Kali sur VirtualBox, suivez les étapes suivantes :

I.   Allez à la page de téléchargement de la sécurité offensive : www.kali.org/downloads/

et cliquez sur "Kali Virtual Images".

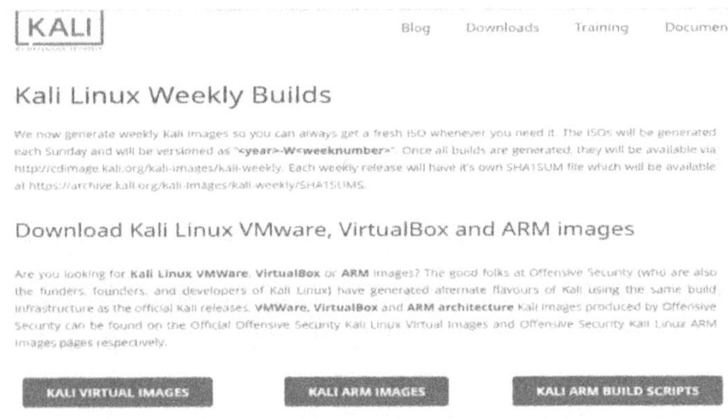

Figure 10 - Téléchargements de la VM Kali Linux

II.   Téléchargez "Kali Linux 64 bit VM" (ou 32 bit si nécessaire pour votre matériel). Dézippez le contenu du fichier téléchargé dans le répertoire de votre choix.

III.   Ouvrez VirtualBox et choisissez "Import Appliance" dans le menu Fichier.

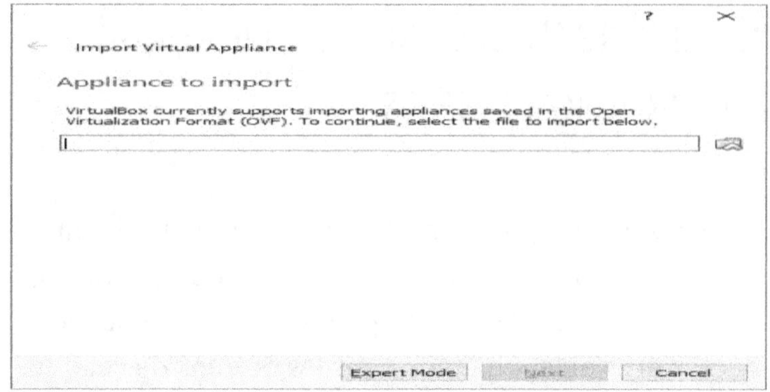

Figure 11 - Ajout d'un appareil Virtualbox

IV.   Naviguez jusqu'au répertoire contenant le fichier ".vbox" et sélectionnez l'appareil désiré.

V.   Cliquez sur "Suivant" pour accéder à la page des paramètres et apporter les modifications souhaitées, puis cliquez sur "Importer". L'installation de la VM sera alors terminée.

CHAPITRE 3. LECTEUR D'AMORÇAGE EXTERNE KALI LINUX

L'un des avantages des systèmes d'exploitation Linux est que chaque distribution est construite à partir du noyau avec uniquement les paquets et les applications nécessaires ou souhaitées pour les besoins de chaque version particulière. Il en résulte des distributions extrêmement "légères" (c'est-à- dire de petite taille), mais pleinement fonctionnelles. L'objectif initial du développement de petites distributions était de répondre au besoin de systèmes d'exploitation "en direct" pleinement fonctionnels pouvant fonctionner à partir de supports externes à espace limité, tels que les CD-ROM et les clés USB, et d'utiliser efficacement les ressources de certaines plateformes informatiques plus anciennes. Depuis, la capacité des lecteurs flash a explosé en même temps que la puissance de traitement, mais c'est toujours un peu une compétition et un point de fierté pour les développeurs de Linux - tant amateurs que professionnels - de voir à quel point ils peuvent réduire la taille d'une distribution Linux fonctionnelle. Certaines distributions ne font que 12 Mo.

Cependant, outre les considérations de capacité et de performances des disques, il est souvent souhaitable de démarrer Linux à partir d'un support externe pour des raisons fonctionnelles. Cela est particulièrement vrai pour les distributions dérivées de Debian/Knoppix dont le but est de fournir des fonctions utilitaires ou de sécurité pour plusieurs machines. La récupération des données, la réinitialisation des mots de passe et les fonctions de police scientifique doivent souvent être effectuées en dehors des secteurs de démarrage des machines en question, ce qui rend nécessaire le démarrage des outils sur des supports séparés. En outre, les distributions spécialisées telles que Kali ne servent pas nécessairement de systèmes d'exploitation principaux et autonomes pour l'utilisation quotidienne, de sorte que le démarrage à partir d'un support externe, selon les besoins, sur une machine souhaitée est souvent plus pratique. Ce chapitre décrit comment créer une clé USB amorçable pour Kali Linux. Cette clé peut être utilisée comme un système d'exploitation en direct ou comme source d'installation.

CRÉER UN LECTEUR DE DÉMARRAGE À PARTIR DE WINDOWS

Le site web de la sécurité offensive contient des instructions détaillées sur la création d'un disque de démarrage Kali en direct sur différents systèmes d'exploitation. Les instructions sont disponibles à l'adresse suivante :

http://docs.kali.org/downloading/kali-linux-live-usb-install

Cette section résume les instructions pour Windows et fournit quelques suggestions supplémentaires.

IMAGEUR DE DISQUE WIN32

Le programme Win32 Disk Imager intègre une image disque brute sur un périphérique amovible. Il peut être téléchargé gratuitement à partir du lien sur Sourceforge ci-dessous ainsi que d'autres dépôts de logiciels gratuits sur Internet.

https://sourceforge.net/projects/win32diskimager/
Pour installer une image Kali à l'aide de l'imageur de disque Win32, suivez les étapes suivantes :

1.   Téléchargez le fichier d'installation de Win32 Disk Imager et suivez la procédure de l'assistant d'installation.
2.   Insérez la clé USB ou le CD-ROM que vous souhaitez utiliser comme support de démarrage.
3.   Lancer le programme Win32 Disk Imager. Notez que votre machine peut avoir besoin de privilèges administratifs pour exécuter ce logiciel.
4.   Sous la case "Fichier image", naviguez jusqu'à l'emplacement de votre fichier Kali Linux .iso.

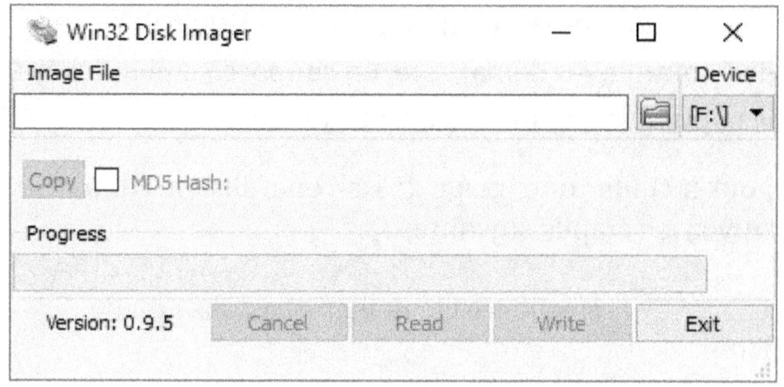

Figure 12 - Imageur de disque Win32

5. Sous "Dispositif", sélectionnez la lettre du lecteur correspondant au support de destination. **Veillez à choisir le bon support, car les étapes suivantes écraseront toutes les données !**

6. Cliquez sur "Ecrire" pour compléter la procédure.

YUMI

L'imageur de disque Win32 est simple et utile. Pour plus de flexibilité, cependant, le logiciel Yumi Multiboot est une autre option pour créer une clé USB Kali en direct. Yumi est disponible gratuitement, avec des instructions, sur le site web de Pendrivelinux :

https://www.pendrivelinux.com/yumi-multiboot-usb-creator/

Yumi peut être utilisé pour créer des médias

amorçables avec une ou plusieurs options de distribution. Au démarrage, un support Yumi affichera les options de démarrage dans un menu.

Pour installer une image de Kali en utilisant Yumi, suivez les étapes suivantes :

1.	Téléchargez le fichier d'installation de Yumi.

2.	Insérez la clé USB ou le CD-ROM que vous souhaitez utiliser comme support de démarrage.

3.	Lancez Yumi (il n'y a pas de procédure d'installation, Yumi fonctionne directement comme un .exe).

4.	Sous "Sélectionnez la lettre de lecteur de votre périphérique USB", choisissez la lettre de lecteur correspondant au lecteur USB de destination. **Veillez à choisir le bon support, car les étapes suivantes écraseront toutes les données !**

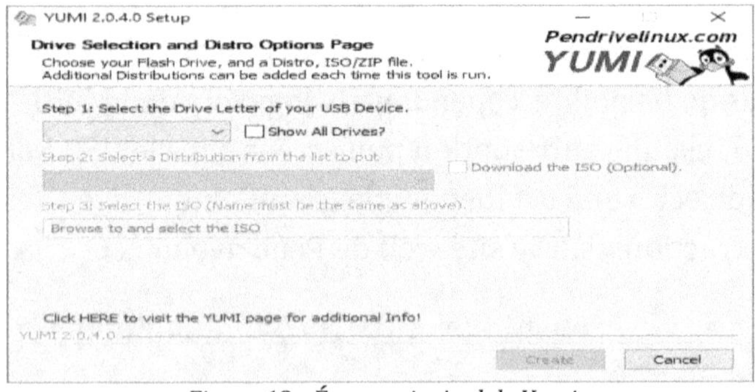

Figure 13 - Écran principal de Yumi

5.	Sous la case "Sélectionner une distribution

à mettre sur...", choisissez Kali (regardez sous "Outils système"). Kali Linux fichier .iso.

6.	Sous la case "Parcourir et sélectionner votre kali *.iso", naviguez jusqu'à l'emplacement de votre fichier Kali Linux .iso.

7.	Cliquez sur "Créer" pour terminer la procédure.

Créer Un Disque De Démarrage À Partir D'os X Ou De Linux

La création d'un disque de démarrage à partir d'une plate-forme Linux ou OS X nécessite des instructions avancées en ligne de commande. Il est recommandé de consulter le site web de la sécurité offensive (ci-dessous) pour obtenir des instructions à jour sur la création d'un support Kali en direct.

http://docs.kali.org/downloading/kali-linux-live-usb-install

CHAPITRE 4. COMMANDES ESSENTIELLES DES TERMINAUX LINUX

Avant l'apparition des interfaces graphiques et des dispositifs de saisie ergonomiques tels que les souris, les utilisateurs d'ordinateurs n'avaient que leur clavier et un écran monochrome avec une invite. Les commandes étaient saisies ligne par ligne et étaient soit interprétées sur place, soit compilées en *masse* dans un programme. Afin d'interagir avec le système de fichiers ou les périphériques (via le noyau), les utilisateurs devaient utiliser un lexique de commandes spéciales pour effectuer les actions souhaitées. Les systèmes Unix originaux, en fait, démarraient directement sur un terminal de commande (généralement une invite de connexion) pour attendre la saisie. Bien que la plupart des distributions Linux modernes démarrent maintenant sur une interface graphique, le système d'exploitation est toujours sous-tendu par le système de commande du terminal Unix. Tout système Linux peut être configuré pour démarrer directement en ligne de commande, mais la plupart des utilisateurs ouvrent l'application Terminal depuis le bureau principal de l'interface graphique s'ils veulent entrer directement des commandes.

Bien que les interfaces graphiques "pointer et cliquer" soient pratiques et généralement plus intuitives, les utilisateurs avancés de Linux - en particulier les pirates informatiques - préfèrent souvent utiliser le terminal pour exécuter des commandes. Taper une commande Linux manuellement est non seulement, dans de nombreux cas, plus efficace, mais cela donne également à l'utilisateur un contrôle plus direct sur les opérations. Une commande unique, d'une seule ligne, correctement saisie, peut remplacer plusieurs clics et des fenêtres imbriquées. En outre, en saisissant directement une commande, l'utilisateur peut plus facilement remonter à la source des erreurs. Les pirates informatiques ont tendance à être des individus indépendants et autonomes, et sont réticents à abandonner le contrôle de leur machine à des processus automatisés écrits par d'autres.

Ce chapitre explique comment naviguer dans Linux à l'aide du terminal et présente certaines des commandes shell les plus importantes.

ANATOMIE DU SYSTEME LINUX

Avant d'entrer dans la liste des commandes, il est important de comprendre la structure de base et le système de fichiers d'une distribution Linux typique. La bibliothèque de commandes est très puissante et peut contrôler pratiquement tous les aspects du fonctionnement ou de la configuration d'un système Linux.

ARCHITECTURE

Tous les systèmes Linux sont construits à partir du noyau. Le noyau est le jeu d'instructions au niveau de la machine qui se charge en mémoire lors du démarrage du système d'exploitation. Les instructions du noyau interagissent directement avec le matériel de la machine, y compris le(s) processeur(s), la mémoire, l'interface réseau et tout périphérique.

Le shell Linux (Figure 14) est le moyen par lequel un utilisateur interagit avec le noyau. Le shell peut être soit une invite de commande directe, soit une interface utilisateur graphique.

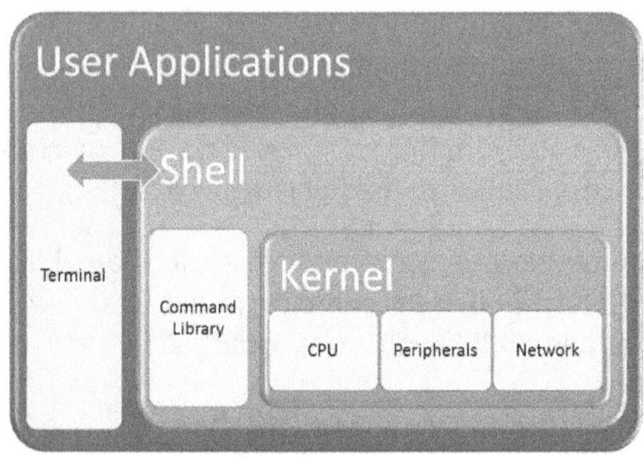

Figure 14 - Architecture du noyau Linux

LE SYSTEME D'ANNUAIRE

Linux a une structure de répertoires organisée qui est conçue pour compartimenter les fichiers pour des raisons de sécurité et de stabilité. Les chemins d'accès aux répertoires utilisent la barre oblique inversée (/) pour séparer les noms de répertoires suivants dans le chemin d'accès, contrairement à Windows qui utilise la barre oblique inversée (\ ). Le terme "racine" peut parfois prêter à confusion pour les débutants sous Linux, car il existe quelques emplacements qui peuvent être appelés "répertoire racine". La véritable "racine" dans un système de fichiers Linux - dans la mesure où il n'y a pas de répertoires parents au-dessus - est désignée simplement par une seule barre oblique inversée, "/". Tous les autres répertoires se trouvent sous cet emplacement. Les répertoires sous "/" varient légèrement entre les distributions Linux, mais la structure générale a été héritée du système Unix original et est largement universelle.

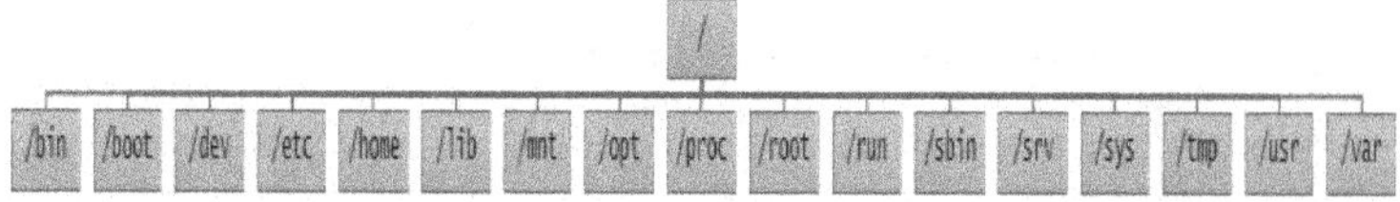

FIGURE 15 - STRUCTURE DU RÉPERTOIRE LINUX

COMMANDES LINUX

Linux dispose d'un riche ensemble de commandes de terminaux, dont beaucoup sont identiques ou similaires à celles du système d'exploitation Unix d'origine. Ces commandes permettent aux utilisateurs de gérer et de manipuler des fichiers et des dossiers, d'installer des logiciels, de s'interfacer avec des périphériques et, parmi de nombreuses autres tâches, d'effectuer diverses opérations de mise en réseau. Bien que les commandes Linux soient présentées dans leur contexte dans différentes sections de ce livre, les commandes de base suivantes servent d'introduction au lexique de base de Linux ainsi qu'au format général et à l'utilisation des commandes de terminaux.

Les premières commandes qu'un utilisateur de Linux doit apprendre sont celles associées à la navigation et à la manipulation des répertoires. Une fois à l'invite de commande du terminal, la commande suivante énumère les fichiers et le répertoire présents dans le répertoire racine :

ls

Dans la plupart des cas, le répertoire par défaut du terminal sera "/home/nom d'utilisateur", donc la saisie de "ls" donnera la liste du contenu des fichiers et des dossiers de l'utilisateur actuel.

```
user@UbuntuVM: ~
user@UbuntuVM:~$ ls
Desktop     Downloads          Music      Public      Videos
Documents   examples.desktop   Pictures   Templates
user@UbuntuVM:~$
```

La plupart des commandes Linux comportent des options qui peuvent être ajoutées au formulaire de commande par défaut. Ces options varient pour chaque commande, et vont du changement de format de la sortie à l'exécution de fonctions spécifiques que la commande n'exécute pas par défaut. L'option "-l" pour la commande ls est un exemple d'option de commande qui permet d'obtenir une sortie plus détaillée.

```
user@UbuntuVM: ~
user@UbuntuVM:~$ ls -l
total 44
drwxr-xr-x 2 user user 4096 Jul 29 10:15 Desktop
drwxr-xr-x 2 user user 4096 Jul 29 10:15 Documents
drwxr-xr-x 2 user user 4096 Jul 29 10:15 Downloads
-rw-r--r-- 1 user user 8980 Jul 29 10:13 examples.desktop
drwxr-xr-x 2 user user 4096 Jul 29 10:15 Music
drwxr-xr-x 2 user user 4096 Jul 29 10:15 Pictures
drwxr-xr-x 2 user user 4096 Jul 29 10:15 Public
drwxr-xr-x 2 user user 4096 Jul 29 10:15 Templates
drwxr-xr-x 2 user user 4096 Jul 29 10:15 Videos
user@UbuntuVM:~$
```

Notez que la liste des répertoires contient maintenant des détails pour chaque fichier et dossier du répertoire actuel, y compris les autorisations d'accès, la taille et la date de création. Les options sont précédées de divers symboles (-, --, |, etc.) selon la nature de la commande et de l'option. De nombreuses options peuvent être enchaînées en une seule commande, ce qui en fait un moyen puissant d'accomplir de nombreuses choses en une seule ligne de code efficace.

Pour afficher les options d'une commande particulière, ainsi que d'autres informations utiles, on peut ajouter la commande avec "-- help". Cependant, l'aide pour les commandes mot est longue de plusieurs pages et ne peut être affichée dans une fenêtre de terminal sans défilement. L'ajout de l'option "| more" marquera une pause après une seule page de sortie, ce qui permettra à l'utilisateur d'avancer page par page en appuyant sur la barre d'espacement jusqu'à ce que la sortie soit terminée.

```
user@UbuntuVM: ~
user@UbuntuVM:~$ ls --help |more
Usage: ls [OPTION]... [FILE]...
List information about the FILEs (the current directory by default).
Sort entries alphabetically if none of -cftuvSUX nor --sort is specified.

Mandatory arguments to long options are mandatory for short options too.
  -a, --all                  do not ignore entries starting with .
  -A, --almost-all           do not list implied . and ..
      --author               with -l, print the author of each file
  -b, --escape               print C-style escapes for nongraphic characters
      --block-size=SIZE      scale sizes by SIZE before printing them; e.g.,
                               '--block-size=M' prints sizes in units of
                               1,048,576 bytes; see SIZE format below
  -B, --ignore-backups       do not list implied entries ending with ~
  -c                         with -lt: sort by, and show, ctime (time of last
                               modification of file status information);
                               with -l: show ctime and sort by name;
                               otherwise: sort by ctime, newest first
  -C                         list entries by columns
      --color[=WHEN]         colorize the output; WHEN can be 'always' (default
                               if omitted), 'auto', or 'never'; more info below
  -d, --directory            list directories themselves, not their contents
  -D, --dired                generate output designed for Emacs' dired mode
  -f                         do not sort, enable -aU, disable -ls --color
--More--
```

La commande cd permet à l'utilisateur de changer le répertoire actif pour un emplacement précis. Un chemin d'accès donné est supposé être relatif au répertoire actif, sauf si celui-ci est construit autrement. Pour passer à un répertoire à l'intérieur du chemin actif actuel, il suffit d'ajouter cd avec le nom de ce répertoire. Notez que les noms de fichiers et de répertoires sous Linux sont sensibles à la casse.

```
user@UbuntuVM: ~/Desktop
user@UbuntuVM:~$ ls
Desktop      Downloads          Music      Public      Videos
Documents    examples.desktop   Pictures   Templates
user@UbuntuVM:~$ cd Desktop
user@UbuntuVM:~/Desktop$
```

Pour passer à un chemin qui n'est pas dans le répertoire actif, le chemin absolu doit être spécifié.

```
user@UbuntuVM: ~/Documents
user@UbuntuVM:~$ ls
Desktop     Downloads         Music      Public      Videos
Documents   examples.desktop  Pictures   Templates
user@UbuntuVM:~$ cd Desktop
user@UbuntuVM:~/Desktop$ cd /home/user/Documents
user@UbuntuVM:~/Documents$
```

Voici une courte liste de commandes de fichiers et de répertoires Linux utiles. Il ne s'agit nullement d'une liste complète, mais elle représente quelques-unes des commandes les plus courantes.

Certaines de ces commandes doivent être utilisées avec précaution, car elles peuvent modifier ou supprimer le contenu ou l'emplacement d'un fichier ou d'un dossier.

Commande	Action
pwd	Affiche le chemin du répertoire actif
Ls	Affiche le contenu du répertoire actif
Cd	Modification du répertoire actif
mkdir	Crée un nouveau repertoire
rmdir	Supprime un répertoire (s'il est vide)
Cp	Copier un fichier
Mv	Déplacer un fichier
Rm	Supprimer un fichier

ACCÈS "SUPER-UTILISATEUR" : LE COMMANDEMENT SUDO

Une commande Linux plus importante est la fameuse commande "sudo", que tout hacker en herbe devrait connaître. Le terme "sudo" est (apparemment) l'abréviation de "superuser do" et indique au noyau que la commande suivante doit être exécutée avec un accès root (ou parfois en tant qu'utilisateur différent de celui qui est actuellement connecté).

```
user@UbuntuVM:~$ cd /home/user2/Documents
user@UbuntuVM:/home/user2/Documents$ ls -l
total 4
-rw-rw-r-- 1 user2 user2 5 Jul 29 12:13 passwords
user@UbuntuVM:/home/user2/Documents$ rm passwords
rm: remove write-protected regular file 'passwords'? y
rm: cannot remove 'passwords': Permission denied
user@UbuntuVM:/home/user2/Documents$ sudo rm passwords
[sudo] password for user:
user@UbuntuVM:/home/user2/Documents$ ls -l
total 0
user@UbuntuVM:/home/user2/Documents$
```

Ci-dessus, un utilisateur a navigué dans le dossier Documents d'un autre utilisateur, mais s'est vu refuser la permission de supprimer un fichier, appelé "mots de passe". Lorsque la commande a été réémise en utilisant sudo, l'utilisateur a été invité à saisir un mot de passe, puis la commande rm a été exécutée avec succès.

CHAPITRE 5. LES BASES DU RÉSEAU

Le moyen le plus simple, bien sûr, pour accéder à un système particulier serait d'utiliser directement le terminal d'interface du dispositif cible. Cette méthode présente de nombreux obstacles pour le pirate, car elle l'oblige à accéder physiquement au système, l'exposant ainsi à être découvert ou à laisser des traces de sa présence. Cependant, la nature en réseau de la plupart des ordinateurs et des technologies de l'information offre des possibilités d'exploitation plus sûres et moins visibles : le réseau.

En général, un réseau est tout ensemble de parties interconnectées. Il existe des réseaux de personnes, d'organisations, d'États politiques, de machines, et à peu près n'importe quel groupe d'entités dans lequel l'information passe entre les membres. Les réseaux informatiques se sont développés et combinés pour connecter des milliards de nœuds, depuis les petits réseaux domestiques avec un ou deux appareils informatiques personnels jusqu'aux énormes fermes de serveurs qui nécessitent leurs propres centrales électriques.

Qu'il s'agisse d'envoyer des coordonnées d'un smartphone à un autre avec une connexion bluetooth, ou de diffuser un film en streaming sur Internet de Moscou à Buenos Aires, les bases de la mise en réseau et de la communication sont les mêmes. Pour devenir un pirate informatique efficace, il est essentiel de comprendre les protocoles de réseautage et de communication.

COMPOSANTS ET ARCHITECTURE DU RÉSEAU

Il suffit d'avoir au moins deux appareils informatiques connectés d'une manière ou d'une autre pour partager des informations, et vous disposez d'un réseau informatique (Figure 1). Tout appareil capable d'une certaine forme de connectivité peut constituer un nœud sur un réseau. Les plateformes d'utilisateurs traditionnelles comme les serveurs, les PC de bureau, les ordinateurs portables, les tablettes et les appareils de poche personnels tels que les smartphones sont courantes sur les réseaux. Il existe également un nombre croissant de périphériques en réseau et d'appareils intelligents autonomes tels que les imprimantes, les télévisions, les plates-formes de jeux, les caméras de réseau, les consoles de divertissement, les appareils audio et les montres. Chaque appareil peut généralement se connecter à plusieurs autres appareils par le biais de divers supports de communication. Les connexions physiques comme les câbles en cuivre et les câbles en fibre optique servent de colonne vertébrale à l'internet mondial et relient la plupart des réseaux au point d'accès principal d'un réseau local. Au sein d'un réseau local, il peut y avoir plusieurs types de connexions, y compris des câbles physiques et des connexions Wi-Fi. À courte distance, les appareils peuvent se connecter via la technologie Bluetooth ou NFC (Near-Field Communication). Parallèlement à cette architecture, on trouve un réseau cellulaire à large bande en pleine expansion qui se compose de toute une série de tours de radiofréquences connectées à la dorsale Internet et à divers satellites. Avec l'amélioration de la technologie cellulaire à large bande, l'utilisation s'étend au- delà des téléphones et devient la principale méthode d'accès à l'internet pour de nombreux appareils individuels et petits réseaux.

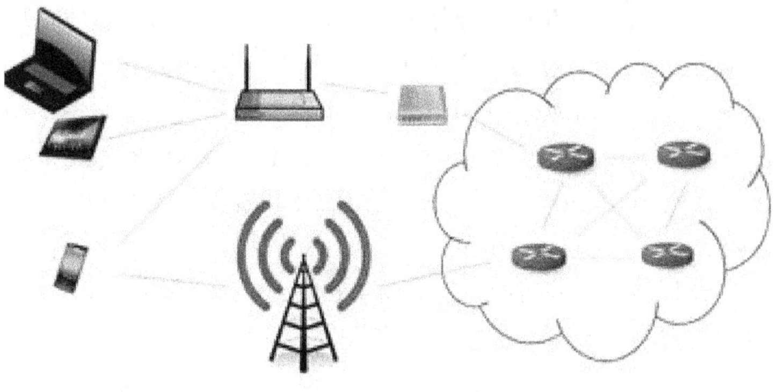

Figure 16 - Composantes du réseau

MODÈLES ET PROTOCOLES DE RÉSEAU

Quel que soit le type de nœud ou de support de communication, deux appareils doivent communiquer en utilisant une sorte de protocole commun. Un protocole standard utilisé par tous les appareils d'un réseau est nécessaire pour éviter les erreurs de communication. Le protocole Internet (IP) existe depuis les premiers jours de la mise en réseau. Bien qu'il ait un peu changé dans sa forme et sa fonction, il reste la norme de facto pour la communication en réseau. Le protocole IP, combiné à une autre norme connue sous le nom de Transmission Control Protocol (TCP), forme un paradigme de réseau à couches appelé TCP/IP. Ce schéma divise un réseau en plusieurs couches, depuis le matériel de base du réseau jusqu'à l'application de l'utilisateur. L'ensemble des protocoles est un modèle conceptuel de communication en réseau connu sous le nom de modèle TCP/IP, ou "pile" TCP/IP. Il existe un autre modèle connu sous le nom de modèle OSI (Open Systems Interconnection), qui est plus granulaire en ce qui concerne le nombre de couches. Le modèle OSI peut être appliqué de manière plus générale, mais il décrit les mêmes principes essentiels que le modèle TCP/IP.

LE MODÈLE TCP/IP

Le modèle TCP/IP se compose de quatre couches conceptuelles superposées qui ont chacune un rôle à jouer dans la préparation et le transport des données d'un point à un autre du réseau. Il s'agit des couches application, transport, réseau et liaison (ou liaison) de données.

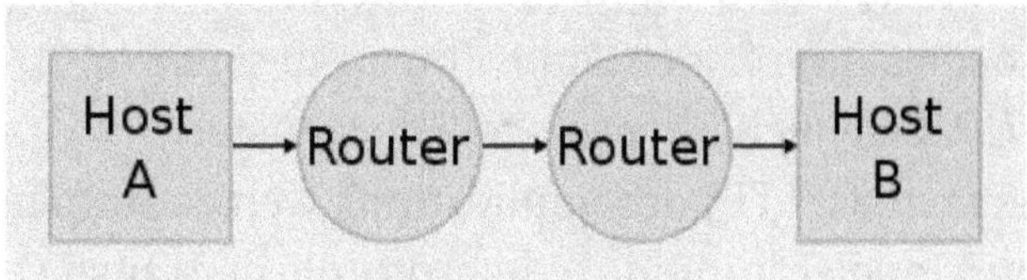

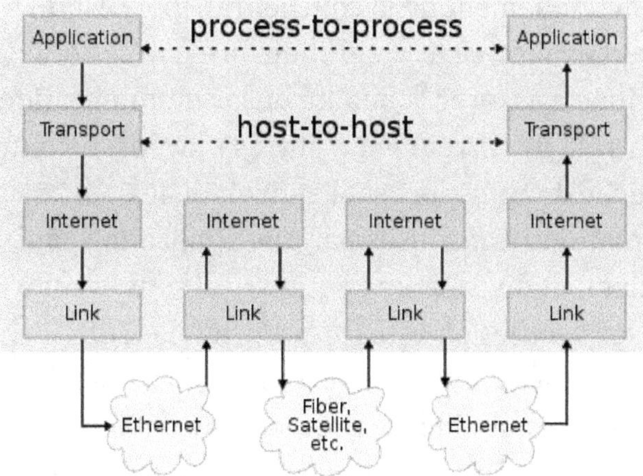

Figure 17 - Flux de données du réseau en couches (infosecinstitute.com)

La couche d'application de la pile TCP/IP (considérée comme la couche "supérieure") est la couche la plus visible et la plus accessible à l'utilisateur. C'est la couche où le contenu ou la charge utile d'une communication est créé avant qu'elle ne soit mise en paquets pour le transport. Les clients de messagerie électronique, les navigateurs web, les logiciels de partage de fichiers, les applications de diffusion vidéo en continu et autres applications connectées fonctionnent tous dans la couche application. Il est à noter que la couche application exécute d'autres protocoles qui résident dans (ou au-dessus de) TCP/IP. Cela inclut le protocole de transfert hypertexte (HTTP) des applications web, le smtp pour le courrier électronique et le protocole de transfert de fichiers (FTP), entre autres.

Le fonctionnement de la couche transport est un concept avancé, mais il suffit de dire que cette couche contribue à assurer la qualité de la communication par le contrôle des erreurs et d'autres moyens. En outre, la couche de transport est l'endroit où les informations transmises par une application sont initialement divisées en paquets, qui sont ensuite annexés avec les en-têtes appropriés. Le TCP fonctionne à ce niveau, mais ce n'est pas le seul protocole disponible. Le protocole de datagramme utilisateur, ou UDP, est utilisé lorsqu'il est nécessaire de sacrifier l'arrivée réussie d'un petit nombre de paquets en échange d'une livraison d'informations en temps réel.

UDP est le protocole de transport de choix pour la diffusion audio et vidéo en continu.

La couche réseau, souvent appelée couche Internet, est l'endroit où se fait le travail de routage des paquets. Dans cette couche, on détermine la meilleure route réseau pour un paquet, puis on ajoute à l'en-tête du paquet une adresse IP source et une adresse IP destination avant de le relayer au matériel de l'interface réseau. D'autres protocoles peuvent fonctionner à cette couche, mais le protocole IP est de loin le plus répandu et constitue la structure sous-jacente de la plupart des communications de données mondiales. La manipulation des en-têtes IP à différents stades du transit est à la base de nombreuses attaques de piratage.

La couche inférieure du modèle TCP/IP est la couche matérielle ou de liaison de données. La couche matérielle est le dernier arrêt d'un paquet de données avant qu'il ne quitte sa machine source et n'arrive à sa prochaine destination par le biais du support physique. Les adresses MAC du matériel réseau impliqué dans le relais du paquet sont ajoutées à l'en-tête du paquet à ce niveau.

Protocoles De Réseau

Lorsqu'un nœud d'un réseau communique avec un autre, il divise son message en petits paquets indépendants. Chaque paquet est ensuite accompagné d'un en-tête lorsqu'il traverse chaque couche afin qu'il puisse être correctement réassemblé en un message à sa destination. La beauté du TCP/IP est que chaque paquet individuel peut prendre un chemin différent et peut être renvoyé en cas de perte, ce qui garantit un haut degré d'efficacité et de fidélité du message.

Au cœur du TCP/IP se trouve l'adresse IP. Chaque appareil d'un réseau possède une adresse unique qui permet d'identifier son emplacement dans le réseau et les sous-réseaux auxquels il appartient. Il faut comprendre l'adressage IP car il permet de se concentrer sur des cibles particulières. En outre, les pirates informatiques peuvent avoir besoin de cacher ou de manipuler leur propre adresse IP afin de rester visibles.

La version standard d'IP est IP v.4 depuis de nombreuses années et est utilisée sur la plupart des réseaux et des appareils. IP v.6 est une nouvelle norme qui peut accueillir beaucoup plus d'adresses. Dans un réseau local individuel, le premier octet d'une adresse IP indique généralement la désignation du réseau global, les octets suivants désignant les sous-réseaux et les machines individuelles.

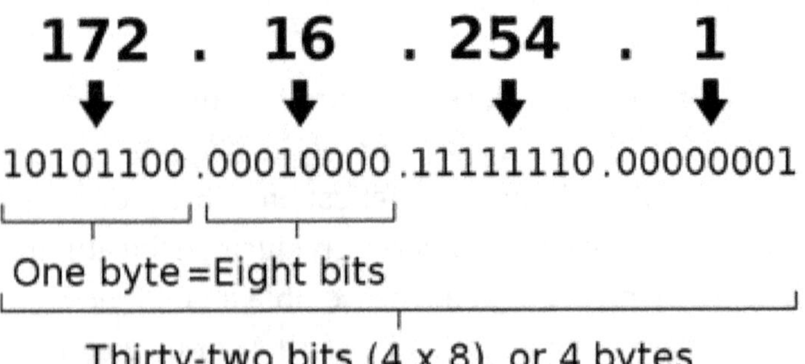

L'une des choses les plus importantes à comprendre à propos de l'adressage IP est que l'adresse IP d'un nœud donné au sein d'un réseau local est différente de celle qui lui est attribuée lorsqu'il communique par Internet. En effet, il est impossible de contrôler ou d'empêcher que deux machines individuelles sur des réseaux séparés reçoivent accidentellement ou intentionnellement la même adresse.

Du point de vue du hacker, les adresses IP fournissent une feuille de route sur tout réseau individuel pour identifier et distinguer les machines individuelles. En outre, l'interception de paquets de données individuels en transit sur le réseau est très coûteuse. Les informations d'en-tête du paquet contiennent l'adresse IP de naissance, la source et la destination. C'est la manipulation de ces en- têtes qui permet aux médecins de mener des attaques de type "homme au milieu" et "déni de service". C'est la manipulation de ces en-têtes qui permet aux médecins de mener des attaques par déni de service et des attaques de type "man in the middle".

Les adresses IP sont considérées comme des adresses logiques, ce qui signifie qu'elles sont attribuées par un logiciel, soit directement par l'utilisateur, soit automatiquement par un processus quelconque. Les adresses IP résident sur la couche réseau. Dans de nombreux cas, les adresses IP peuvent être usurpées ou falsifiées dans un en-tête de paquet. Cela peut être fait pour brouiller la source d'un courriel ou d'une autre charge utile d'attaque, ou pour réacheminer les paquets de manière malveillante.

Il est important de comprendre que la falsification de l'IP ne peut pas être utilisée pour cacher une communication bidirectionnelle. Pour que deux machines puissent échanger des informations, leur adresse doit être valide ou les paquets échangés ne peuvent pas atteindre leur destination. C'est pourquoi il est inutile d'essayer de cacher ou de modifier son adresse IP lorsqu'on opère sur un service de poste à poste, ou de cacher la désignation d'un nœud de téléchargement. Le mieux que l'on puisse espérer dans ce scénario est de faire passer les informations par un grand nombre de proxies géographiquement et logiquement distincts. Le réseau TOR, qui sert de base au "Dark Web", fonctionne en créant plusieurs couches par lesquelles l'information peut passer.

L'adresse MAC (Media Access Control) est un autre type important d'identifiant de dispositif. Les adresses MAC sont considérées comme des adresses physiques permanentes et sont attribuées à des dispositifs d'interface réseau individuels. Le système d'adressage MAC est conçu de manière à ce que deux appareils ne puissent, en théorie, jamais avoir la même désignation. L'adresse est gravée dans la ROM du dispositif de sorte qu'elle ne peut pas être facilement modifiée. Les adresses MAC font partie de la couche de liaison de données.

Bien que les adresses MAC soient censées être permanentes, il existe des moyens de "parodier" une adresse en écrivant une fausse adresse sur l'en-tête d'un paquet. Cela ne modifie pas l'adresse permanente d'un appareil, mais permet à un pirate informatique d'éviter d'être identifié par son interface réseau. Si un pirate avec un MAC usurpé obtient un accès local à un réseau, en particulier par des moyens sans fil, il peut éviter d'être repéré par son matériel.

DÉTERMINER LES PARAMÈTRES DU RÉSEAU

Pour trouver l'adresse IP d'une machine Linux, ainsi que les adresses MAC de tout périphérique d'interface réseau, tapez

ifconfig

dans une fenêtre de terminal. L'adresse IPv4 de la machine actuelle sur le réseau local est indiquée dans le champ "inet addr" sous la section de l'adaptateur réseau (dans ce cas "enp0s3"). L'adresse MAC de l'adaptateur réseau apparaît (dans ce cas partiellement masquée) dans le champ "HWaddr".

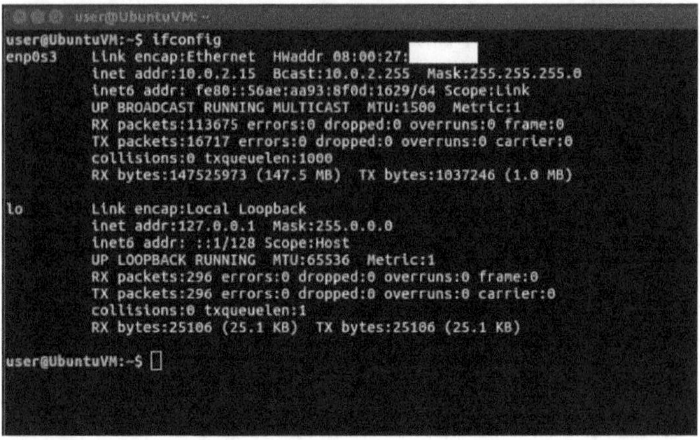

Figure 19 - Résultats de l'ifconfig

Une commande Linux utile pour illustrer le cheminement d'un paquet sur Internet est **traceroute**. La commande traceroute affiche l'adresse IP de chaque emplacement, ou "saut", qui est utilisé pour relayer un message de son origine à sa destination. Elle affiche également les mesures du temps (en millisecondes) d'un aller-retour entre chaque saut et le saut suivant. Il existe plusieurs options pour une commande traceroute, mais la démonstration la plus simple consiste à exécuter traceroute vers une destination commune. La destination peut être saisie sous la forme d'une URL Web ou d'une adresse IP connue. (Notez que traceroute est natif de Kali Linux, mais si la commande ne fonctionne pas dans votre version de Linux, il peut être nécessaire de l'installer en utilisant la commande :

sudo apt install traceroute

De plus, si vous utilisez Linux dans une machine virtuelle, celle-ci doit être configurée pour utiliser une connexion ethernet pontée vers l'adaptateur de la machine hôte, sinon traceroute ne fonctionnera pas correctement). Pour tracer un paquet depuis la source du terminal vers une destination commune et stable comme Google (La commande équivalente dans un terminal Windows est **tracert** :)

traceroute -q1 google.com

L'option "-q 1" limite chaque saut à une requête pour une sortie plus simple et plus rapide.

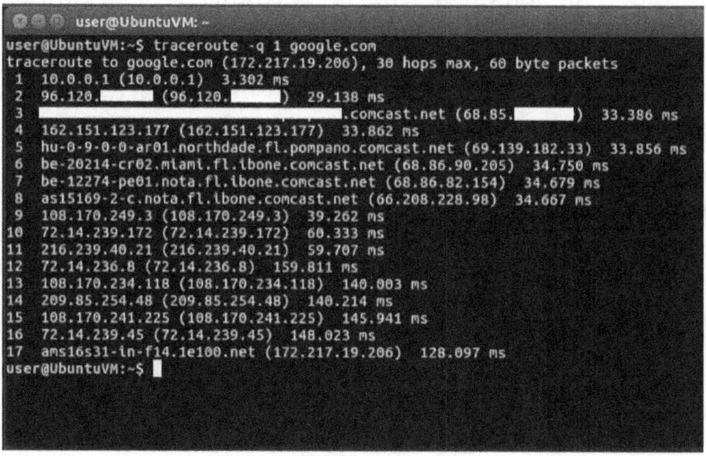

```
user@UbuntuVM: ~
user@UbuntuVM:~$ traceroute -q 1 google.com
traceroute to google.com (172.217.19.206), 30 hops max, 60 byte packets
 1  10.0.0.1 (10.0.0.1)  3.302 ms
 2  96.120.       (96.120.       )  29.138 ms
 3                             .comcast.net (68.85.       )  33.386 ms
 4  162.151.123.177 (162.151.123.177)  33.862 ms
 5  hu-0-9-0-0-ar01.northdade.fl.pompano.comcast.net (69.139.182.33)  33.856 ms
 6  be-20214-cr02.miami.fl.ibone.comcast.net (68.86.90.205)  34.750 ms
 7  be-12274-pe01.nota.fl.ibone.comcast.net (68.86.82.154)  34.679 ms
 8  as15169-2-c.nota.fl.ibone.comcast.net (66.208.228.98)  34.667 ms
 9  108.170.249.3 (108.170.249.3)  39.262 ms
10  72.14.239.172 (72.14.239.172)  60.333 ms
11  216.239.40.21 (216.239.40.21)  59.707 ms
12  72.14.236.8 (72.14.236.8)  159.811 ms
13  108.170.234.118 (108.170.234.118)  140.003 ms
14  209.85.254.48 (209.85.254.48)  140.214 ms
15  108.170.241.225 (108.170.241.225)  145.941 ms
16  72.14.239.45 (72.14.239.45)  148.023 ms
17  ams16s31-in-f14.1e100.net (172.217.19.206)  128.097 ms
user@UbuntuVM:~$
```

Figure 20 - Résultats du traceroute

Le premier emplacement, 10.0.0.1, est l'adresse IP locale du routeur du réseau. L'adresse IP d'origine attribuée publiquement n'apparaît pas sur un traceroute (vous pouvez trouver votre adresse IPv4 ou IPv6 sur un certain nombre de sites web). Il suffit de taper quelque chose comme "what's my ip" ou "what's my ipv4" dans un moteur de recherche pour faire apparaître plusieurs sites web qui afficheront librement vos informations). L'IP suivante dans cet exemple représente le premier point de contact avec le fournisseur de services internet (ISP). On peut voir comment chaque saut suivant passe par l'infrastructure du FAI jusqu'à ce qu'il atteigne la dorsale Internet puis se déplace vers sa destination.

Il est possible de faire correspondre chaque adresse IP à un lieu physique en utilisant certains services en ligne. Cela peut être utilisé pour créer une carte du houblon de la source à la destination. Ces cartes peuvent être intéressantes et illustratives, mais doivent être traitées avec soin car l'exactitude et l'actualité des informations ne sont pas garanties.

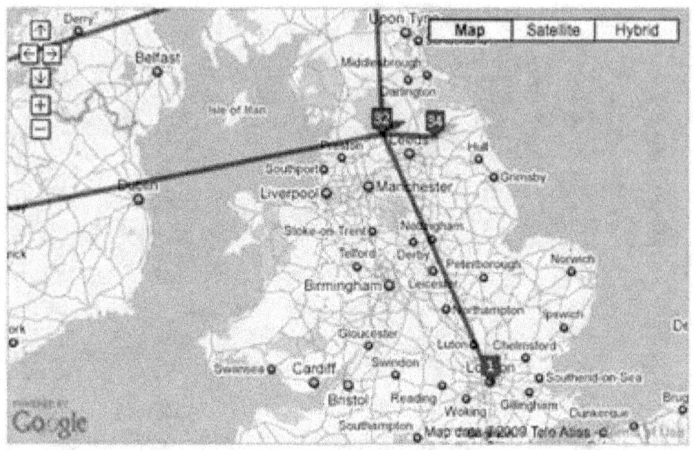

Figure 21 - Tracé visuel

La commande ***ping*** peut également être utilisée pour tester le temps entre la source et la destination, mais sans inclure le temps entre les sauts individuels. La commande ping est le plus souvent utilisée pour tester simplement la connectivité entre les nœuds. La façon la plus simple de faire un "ping" est de taper la commande avec l'URL ou l'adresse IP de destination :

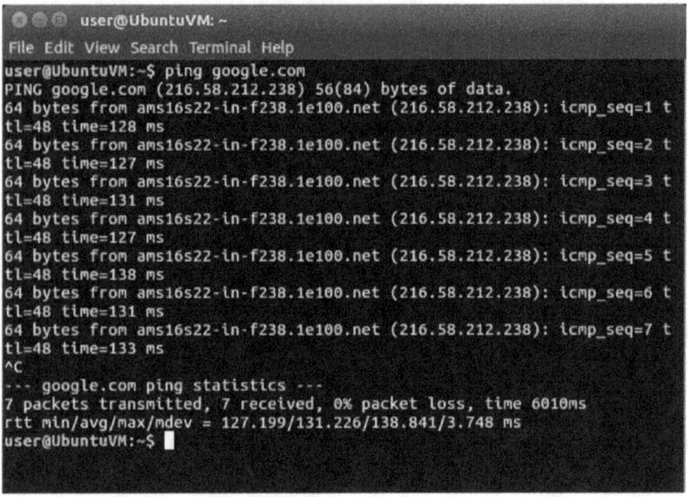

Figure 22 - Résultats du ping

Le programme effectuera un ping indéfiniment jusqu'à ce qu'il s'arrête ou jusqu'à ce qu'il soit interrompu par l'utilisateur (le commutateur "-c" limite le nombre de tentatives de pings à celles qui sont spécifiées.)Notez que la sortie contient l'adresse IP de l'URL pingée. La commande ***ping6*** peut être utilisée alternativement pour déterminer l'adresse IPv6 d'un emplacement.

Chapitre 6. Tor et la toile noire

L'équilibre entre vie privée et sécurité est une lutte perpétuelle, en particulier dans un monde en plein essor avec à la fois la propagation de la démocratie et les menaces existentielles du terrorisme. La situation est encore compliquée par le jeu du chat et de la souris entre les autorités, les criminels et ceux qui souhaitent rester anonymes en ligne. Que ce soit pour protéger simplement la vie privée ou pour dissimuler des activités malveillantes, le désir de communiquer anonymement sur Internet a conduit à la mise en place de plusieurs mécanismes à cette fin. Le réseau Tor est un système populaire composé d'individus partageant les mêmes idées qui utilisent des logiciels libres pour créer une série de connexions virtuelles entre les utilisateurs. Utilisé correctement, le réseau Tor peut considérablement contrecarrer les efforts de traçage des communications qui y transitent.

Le Système Tor

Tor est l'acronyme de "The Onion Router", qui fait référence à la nature en couches du réseau (comme les couches d'un oignon), par lequel un message est enveloppé dans plusieurs niveaux de cryptage. La fonction de Tor se résume essentiellement à acheminer un message à travers de multiples nœuds de manière à résister aux tentatives d'analyse du trafic. Avant qu'un message ne soit envoyé, le client source construit un chemin virtuellement aléatoire, un saut à la fois, à travers les autres nœuds participants. Chaque nœud ne connaît l'emplacement des nœuds qui le précèdent et le suivent immédiatement que parce que toutes les autres informations d'en-tête sont cryptées avec sa propre clé. Une fois le chemin établi, un trafic sécurisé peut commencer entre la source et la destination. Toutefois, pour maintenir la sécurité, un nouvel itinéraire est calculé toutes les quelques minutes. Les relais par lesquels passent les communications sur Tor sont des serveurs gérés par des volontaires à travers le monde.

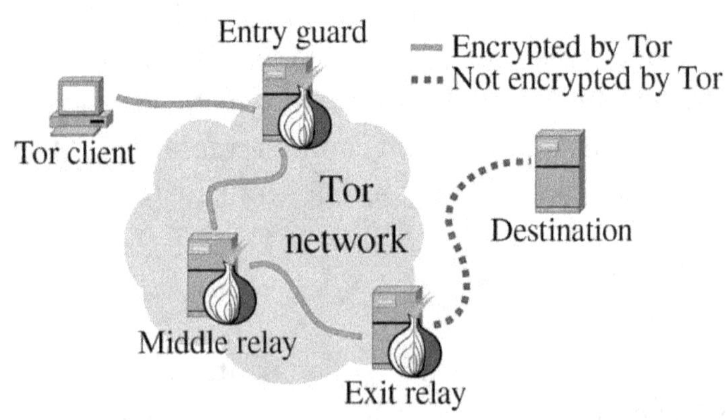

Figure 23 - Le réseau Tor

LE NAVIGATEUR TOR

La méthode la plus courante pour accéder au réseau

Tor est le navigateur Tor. Le navigateur Tor est une version modifiée du navigateur web open source Mozilla Firefox (version Extended Support Release). Le navigateur comporte plusieurs extensions Firefox ainsi que le proxy Tor qui établit une connexion avec le routeur Onion. Il est également configuré par défaut pour ne pas enregistrer les cookies et l'historique de navigation.

Le navigateur Tor est gratuit et peut être téléchargé et installé pour les plates-formes Windows, Mac et Linux. Il existe également une application Tor mobile appelée Orbot qui fonctionne sur les appareils Android. Le navigateur peut être téléchargé depuis le site web principal du projet Tor.

https://www.torproject.org/projects/torbrowser.html.en

Il existe des versions 32 et 64 bits (seulement une 64 bits pour Mac) en plusieurs langues, y compris la dernière version stable et certaines versions expérimentales/bêta.

Language	Microsoft Windows (7.0.4)	Apple MacOS (7.0.4)	GNU/Linux (7.0.4)
English (en-US)	32/64-bit (sig)	64-bit (sig)	32-bit (sig) • 64-bit (sig)
العربية (ar)	32/64-bit (sig)	64-bit (sig)	32-bit (sig) • 64-bit (sig)

Figure24 - Page de téléchargement de Tor

La version Windows est installée par un "assistant" typique. Toutefois, si la machine hôte se trouve derrière un proxy ou un pare-feu, des étapes de configuration supplémentaires peuvent être nécessaires. Pour Mac, il suffit de cliquer sur le fichier .dmg à extraire, puis de faire glisser l'application résultante dans le dossier Applications.

Les instructions pour l'installation du navigateur Tor sur les plateformes Linux nécessitent quelques commandes de terminal et des étapes de configuration qui peuvent varier d'une distribution à l'autre. Le site web Tor contient des instructions générales, mais il y a des étapes spécifiques (et souvent un dépannage) pour que le navigateur fonctionne correctement sur certaines plateformes, en particulier Kali Linux. Ces étapes supplémentaires peuvent généralement être facilement trouvées par une recherche sur Internet ou sur la page d'accueil de la distribution. Certaines distributions peuvent également avoir le navigateur Tor disponible dans leur dépôt de logiciels qui peut être installé par l'intermédiaire de l'application d'installation de logiciels dans l'interface graphique du système d'exploitation.

LA TOILE NOIRE

La "toile noire" est un terme qui fait référence au contenu de l'internet qui n'est accessible qu'en utilisant des protocoles d'anonymisation et de routage tels que le réseau Tor (On pense souvent à tort que la toile noire et la "toile profonde" sont des termes interchangeables, mais la "toile profonde" fait simplement référence aux sites de la toile mondiale qui ne sont pas indexés par les moteurs de recherche). La nature anonyme de la communication sur la Toile noire est la source de nombreuses controverses dans le monde entier, car cet anonymat conduit finalement à la prolifération de contenus répréhensibles, et parfois dangereux. En plus de servir de canal de communication possible pour les terroristes, le web profond facilite la distribution ouverte de stupéfiants illégaux, d'armes, d'informations financières volées et de pornographie illicite, entre autres choses. Cependant, le système fournit également aux personnes vivant sous des régimes répressifs leur seul accès à certains types d'informations.

ACCÈS À TOR

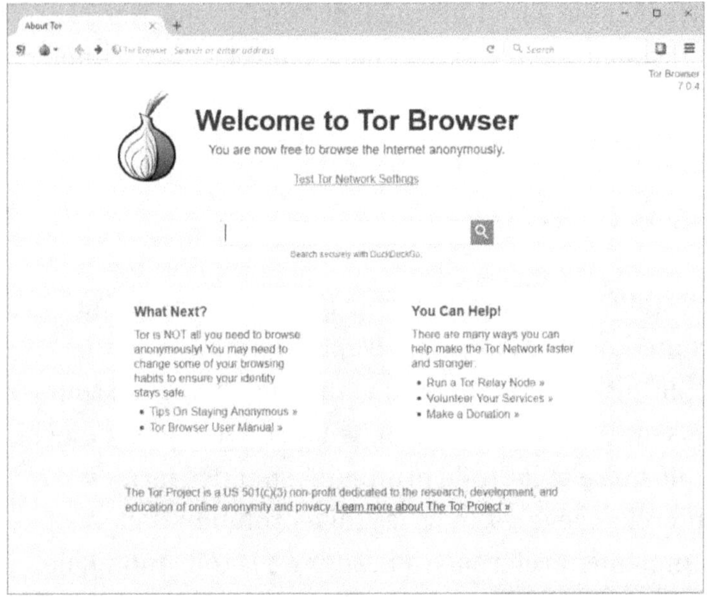

Figure 25 - Page d'accueil du navigateur Tor

Lorsque vous lancez le navigateur Tor pour la première fois, c'est une bonne idée de se familiariser un peu avec le système avant de se lancer dans le Web noir. Il est conseillé de lire le manuel fourni sur la page d'accueil du navigateur Tor. De plus, Tor fournit un lien vers quelques conseils pour utiliser correctement le système afin de maximiser l'anonymat.

Pour vérifier que le navigateur est correctement connecté au routeur Onion, cliquez sur "Tester les paramètres du réseau Tor" sur la page d'accueil par défaut. La page résultante indiquera l'adresse IP que les sites web voient lorsque vous vous connectez à eux. C'est l'adresse du dernier nœud, ou "nœud de sortie" de votre circuit Tor actuel. Pour voir les autres nœuds de votre circuit, cliquez sur l'icône verte "oignon" (étiquetée "Tor Enabled" au survol) dans le coin supérieur gauche de votre navigateur. Cela révélera les sauts sur le circuit. De temps à autre, ce chemin changera automatiquement, mais vous pouvez le changer manuellement en cliquant sur "Nouveau circuit Tor pour ce site" dans le même panneau.

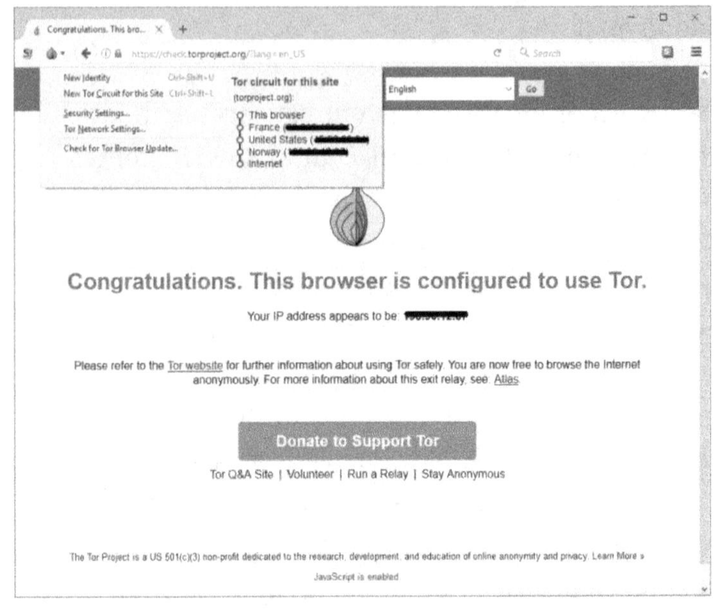

Figure 26 - Visualisation du circuit Tor

L'adresse IP du nœud de sortie que les sites web voient pour votre connexion est différente de l'adresse IP publique attribuée à votre machine par votre FAI. C'est ainsi que vous obtenez l'anonymat. Vous pouvez le confirmer en allant dans un navigateur web standard (pas sur Tor) et en vérifiant votre adresse IP publique.

Une chose à prendre en compte lors de l'utilisation de Tor est que de nombreux fournisseurs d'accès à Internet tentent de détecter si leurs clients utilisent Tor, et soit bloquent le trafic, soit signalent l'activité aux forces de l'ordre. Bien qu'ils ne puissent pas, dans la plupart des cas, remonter jusqu'à un utilisateur, le fait que Tor soit utilisé peut attirer une attention non désirée. La détection du trafic Tor peut être contournée, même si ce n'est que temporairement, en utilisant les ponts ou les relais de pont Tor. En raison de la nature de Tor, les nœuds Onion sont connus du public, de sorte qu'un FAI peut voir si un client se connecte à un point d'entrée Tor. Les passerelles sont des nœuds d'entrée alternatifs qui tentent de rester obscurcis, mais il faut noter qu'ils sont généralement moins fiables que les nœuds Tor publics. En outre, certains FAI ont encore trouvé des moyens de détecter les connexions pontées en examinant les paquets. Il existe également des passerelles qui supportent des entités connues sous le nom de transports enfichables qui obscurcissent l'activité de Tor des censeurs en alternant le trafic entre l'utilisateur et la passerelle d'entrée.

Pour configurer le navigateur Tor afin d'utiliser les relais de passerelle, cliquez sur l'icône du menu déroulant Onion et ouvrez la boîte de dialogue "Paramètres du réseau Tor".

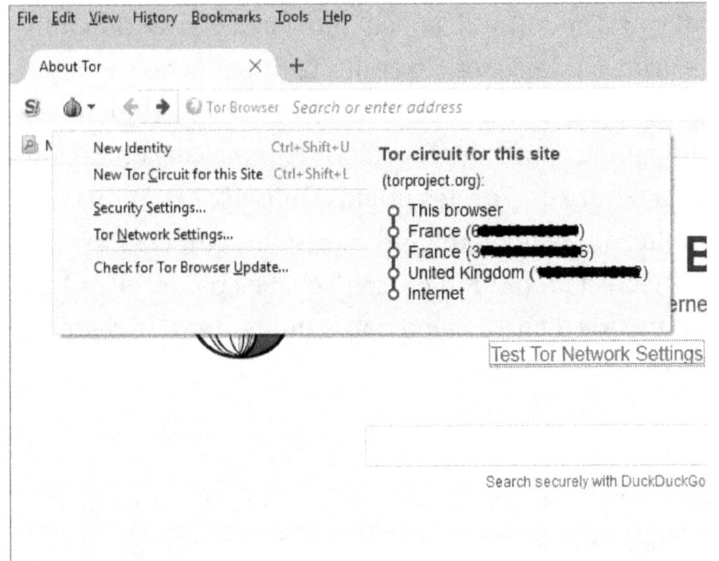

Figure 27 - Menu des paramètres de Tor

Cochez la case à côté de "Mon fournisseur d'accès Internet (FAI) bloque les connexions au réseau Tor" et choisissez le bouton radio "Se connecter avec les passerelles fournies". En choisissant le type de transport obs4, les transports enfichables seront activés.

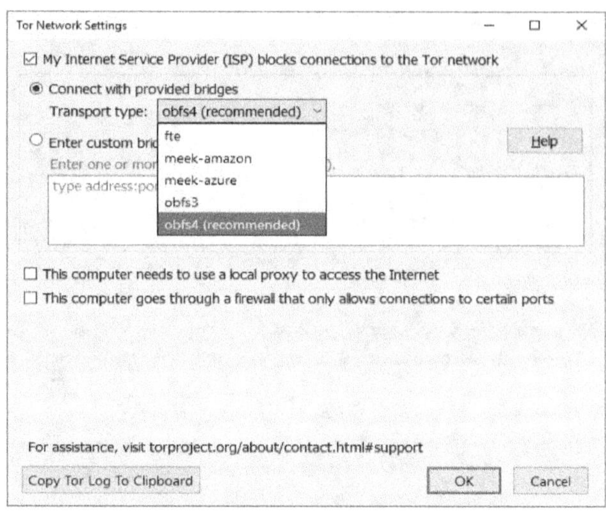

Figure 28 - Dialogue des paramètres de Tor

Si vous avez votre propre liste de relais de pont que vous préférez connecter, choisissez le bouton radio "Entrer les ponts personnalisés" et collez les emplacements des ponts dans la zone de texte, un par ligne. Une liste de passerelles peut être trouvée sur le site web du projet Tor au lien ci-dessous, mais les pirates devraient toujours être à la recherche de nouvelles passerelles provenant de sources fiables.

Les ponts standards :

https://bridges.torproject.org/bridges

Ponts de transport enfichables :

https://bridges.torproject.org/bridges?transport=obfs4

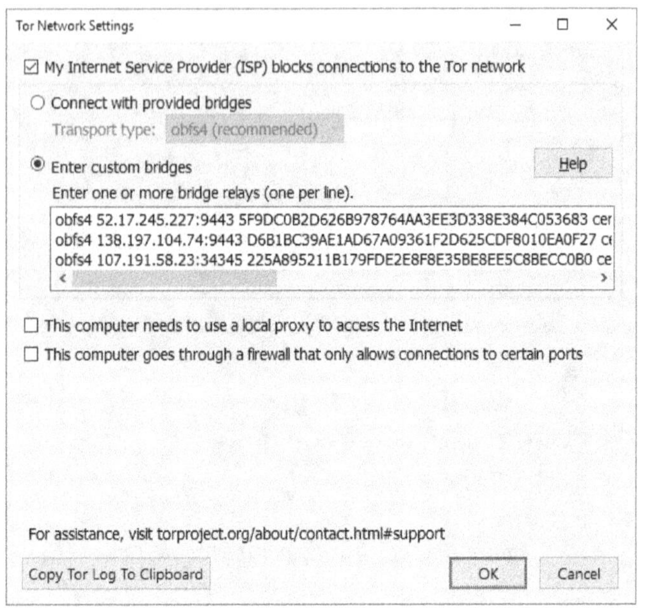

Figure 29 - Paramètres de la passerelle Tor

Tor est un processus sous-jacent que le navigateur Tor utilise pour accéder au routeur Onion, mais il peut également être utilisé avec d'autres applications en dehors d'un navigateur. Ceci est particulièrement important lors de l'exécution d'exploits. Pour configurer Tor afin d'utiliser les relais de la passerelle de transport enfichable sous Linux sans utiliser le navigateur Tor, certaines commandes de terminal et de configuration sont nécessaires.

En supposant que Tor a déjà été installé, entrez les commandes suivantes pour télécharger et installer les services de passerelle obsf (utilisez sudo si nécessaire) :

service tor stop

apt-get update

apt-get install obsfproxy obsf4proxy

Ouvrez maintenant le fichier de configuration "torcc" (sous le répertoire /etc/tor/) dans un éditeur de texte. Il est conseillé de faire une copie de sauvegarde du fichier actuel avant d'y apporter des modifications. Insérez le texte suivant (## est simplement une ligne de commentaire), avec les emplacements de pont souhaités après chaque ligne qui commence par "Bridge". Sauvegardez le fichier.

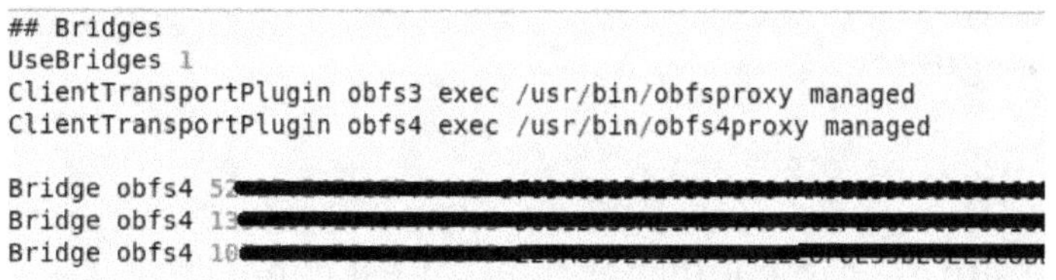

```
## Bridges
UseBridges 1
ClientTransportPlugin obfs3 exec /usr/bin/obfsproxy managed
ClientTransportPlugin obfs4 exec /usr/bin/obfs4proxy managed

Bridge obfs4 5█
Bridge obfs4 13█
Bridge obfs4 10█
```

Démarrez Tor à partir d'un terminal :

service tor start

Pour confirmer que tor fonctionne, ouvrez un navigateur web standard (pas le navigateur Tor). Dans les paramètres réseau, définissez la configuration manuelle du proxy sur un hôte SOCKSv5 local de 127.0.0.1:9050.

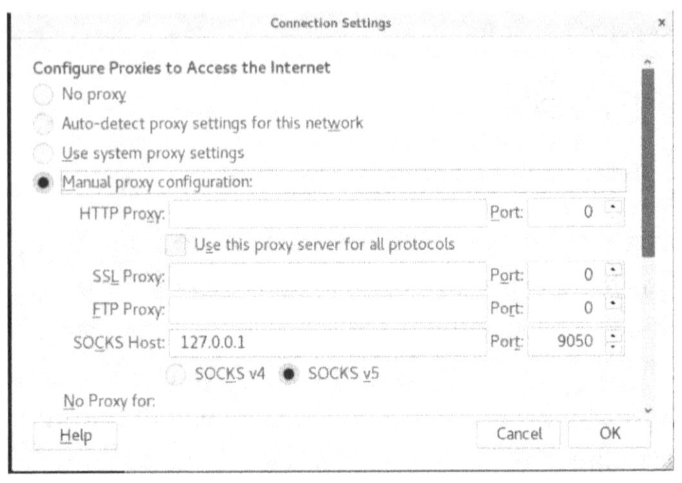

Figure 30 - Paramètres du proxy du navigateur Tor

Naviguer vers :

check.torproject.org

Le site devrait confirmer que Tor est connecté. Cependant, après cette vérification, il faut remettre les paramètres réseau du navigateur à la normale et n'utiliser le navigateur Tor que pour l'accès au web. Maintenant, lorsque Tor est lancé depuis le terminal, d'autres applications peuvent être exécutées avec une connexion pontée au réseau Onion.

Figure 31 - Confirmation de la connexion à Tor

Rappelez-vous que la simple connexion au réseau Tor ne garantit pas la protection. En plus de l'utilisation du navigateur Tor (si vous utilisez Tor pour le Web), l'organisation Tor recommande certaines pratiques pour renforcer l'anonymat :

1. N'utilisez pas d'applications de partage de fichiers torrents sur Tor

2. N'installez pas de plugins dans le navigateur Tor ou activez ceux qui sont désactivés par défaut

3. Utilisez toujours les URL HTTPS

4. Ne pas ouvrir les documents téléchargés à partir du navigateur Tor

5. Utiliser un relais de la passerelle Tor

lorsque c'est possible

SERVICES CACHÉS DE TOR

Quelques mots de prudence avant de nous lancer dans la toile profonde. Une grande partie des contenus disponibles ne sont pas nécessairement indexés, et ceux qui le sont expirent souvent rapidement. Les index qui existent contiennent un mélange éclectique de sites avec divers contenus et services, dont beaucoup sont illégaux dans la plupart des pays. Soyez certain de comprendre les lois et les sanctions associées à toute activité que vous choisissez d'entreprendre sur le web profond. De plus, les pirates et les agences gouvernementales très puissantes sondent constamment Tor pour trouver des faiblesses, fermer des serveurs et compromettre des nœuds, de sorte que l'anonymat d'une personne n'est pas du tout certain.

Bien que les sites web sur l'internet standard (connu sous le nom de "clearnet") sous des domaines traditionnels tels que ".com", ".net", et ".org" puissent être accessibles par Tor, il existe un domaine virtuel connu sous le nom de ".onion" qui ne peut être accessible que de manière anonyme via Tor. Ces emplacements, connus sous le nom de "services cachés", sont l'essence même du DarkWeb.

Le "Wiki caché" est une ressource qui répertorie divers services cachés du Web noir. Il n'existe pas de

Wiki caché officiel, géré de manière centralisée, mais il renvoie plutôt à plusieurs sites indépendants qui tentent d'indexer les services cachés actuels d'intérêt. Un wiki caché typique se compose de plusieurs catégories de liens, certains en clearnet et d'autres cachés, dont beaucoup existent depuis longtemps. Bien que les éditeurs de Hidden Wiki s'efforcent de se tenir au courant, le Web noir est très dynamique, de sorte que les sites vont et viennent souvent ou changent d'URL. Les wikis cachés à jour peuvent généralement être trouvés en utilisant un moteur de recherche, et certains existent sur Clearnet, mais ceux dont l'URL est en .oignon ne peuvent être accessibles que par un routeur Onion (Note : il existe des moyens d'accéder à des services cachés sans Tor, mais pas de manière anonyme).

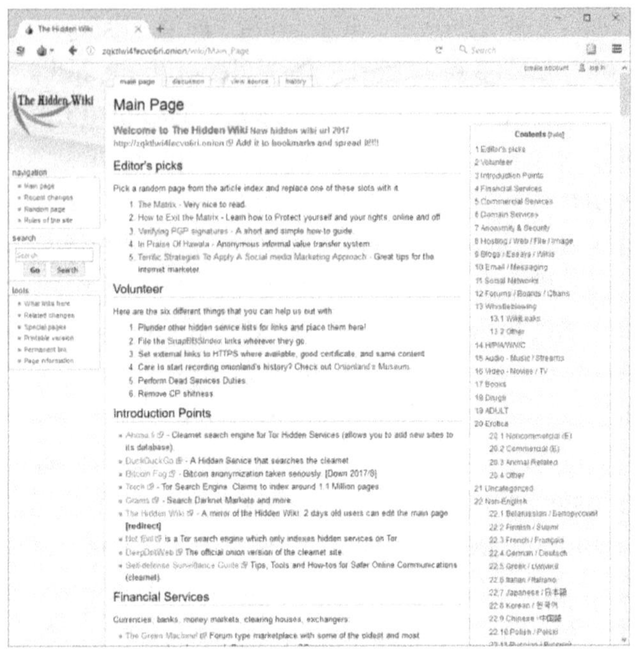

Figure 32 - Wiki caché de Tor

Il y a trois types de moteurs de recherche à prendre en compte en ce qui concerne Tor :

a.   **Moteurs de services cachés qui font des recherches sur le réseau** : Ils permettent d'effectuer des recherches anonymes sur le web. Un exemple est "DuckDuckGo" (qui a également une version clearnet), dont le domaine .oion se trouve normalement sur un wiki caché.

b.   **Moteurs basés sur Clearnet qui font des recherches sur le réseau Onion** : Un exemple est Ahima.fi. Vous n'avez pas besoin d'être sur Tor pour y accéder, mais vous ne serez pas anonyme.

c.   **Moteurs à service caché qui font des recherches sur le réseau Onion** : Un exemple est "Torch", dont le domaine .oion est généralement listé sur un Wiki caché.

CHAPITRE 7. PROCURATIONS ET CHAÎNES DE PROCURATION

Bien que le but ultime d'une attaque soit généralement d'obtenir un accès (prendre racine !), de livrer une charge utile ou de perturber un service, les pirates de toutes sortes n'ont guère intérêt à se faire prendre. Si un paquet arrive sur une machine cible avec l'adresse IP de l'expéditeur toujours intégrée dans l'en-tête, le personnel de sécurité ne doit déployer qu'un minimum d'efforts pour retrouver l'auteur de l'attaque. En outre, il n'est guère utile d'usurper l'adresse IP d'origine (sauf si vous menez une sorte d'attaque par déni de service), car vous devez également récupérer les   paquets dans la plupart des cas. Afin de rendre plus difficile pour les enquêteurs la recherche de l'adresse IP d'origine d'un utilisateur, il est utile d'employer un intermédiaire connu sous le nom de ***proxy***. En effet, si l'on regroupe correctement plusieurs mandataires, il peut être extrêmement difficile de suivre quelqu'un sans beaucoup d'efforts et de dépenses.

SERVEURS PROXY

Le mot "proxy" dans l'usage anglais signifie essentiellement "représentant". Tout comme une personne peut vous représenter, vous et vos intérêts, lors d'une réunion ou d'une procédure judiciaire, un **serveur proxy** relaie la communication d'une source vers une destination. Cependant, le nœud de destination verra l'adresse IP du serveur proxy comme l'agent d'origine. Lorsque le serveur mandataire reçoit des paquets en retour du service demandé, il les relaie à la partie requérante. L'adresse IP d'origine, bien que stockée à l'emplacement du proxy, n'est pas incluse dans les en-têtes des paquets voyageant entre le proxy et la destination. Cela sert à masquer l'identité de la partie d'origine par rapport au serveur de destination.

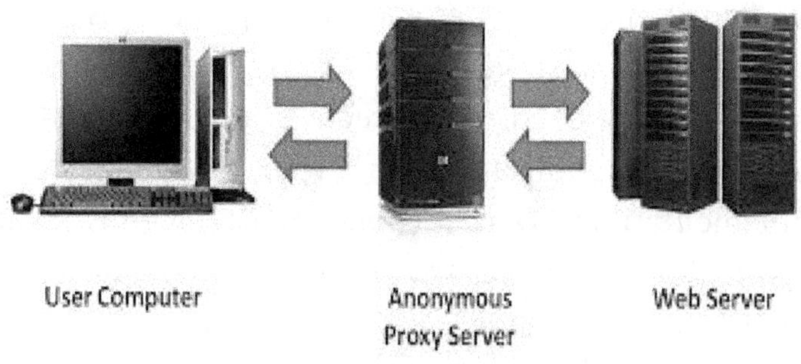

Figure 33 - Configuration du serveur mandataire

Les serveurs mandataires ne sont toutefois pas utilisés uniquement pour l'anonymat. Les serveurs mandataires sont souvent utilisés comme barrière de protection entre un réseau local et l'internet en général. Le fait d'avoir un serveur comme intermédiaire peut servir à filtrer les informations dans les deux sens, en empêchant à la fois les attaques entrantes et l'accès à des ressources extérieures non autorisées.

Types d'implémentation des serveurs mandataires

Un protocole Internet important dans la couche application de la pile TCP/IP est SOCKet Secure, ou **SOCKS**. SOCKS, en général, traite les demandes de connexion et les transferts de paquets entre les clients, les proxies et les serveurs. La mise en œuvre de SOCKS5 prend en charge des mesures de sécurité et d'authentification supplémentaires. Les proxies **HTTP** utilisent les mêmes en-têtes et protocoles pour se connecter aux serveurs web via le proxy comme s'il s'agissait d'une connexion directe, ce qui les rend plus efficaces pour l'utilisation sur le web. L'avantage des implémentations SOCKS, cependant, est qu'elles prennent en charge des protocoles supplémentaires au-delà du protocole HTTP. Notez que Tor est lui-même un type d'implémentation de proxy SOCKS.

Utilisations des serveurs proxy

Les organisations disposant de réseaux internes veulent souvent contrôler l'utilisation des connexions Internet externes par leur personnel. Cela permet d'éviter que des utilisateurs individuels n'introduisent par inadvertance des scripts compromettants dans le réseau et qu'ils n'accèdent à des contenus indésirables ou non liés au travail, tels que des courriers électroniques personnels, des jeux, des médias sociaux, des flux vidéo, des transactions financières ou des contenus pour adultes. Un proxy web administré en interne peut filtrer (par liste blanche ou liste noire) les contenus et bloquer l'accès à des lieux, domaines ou services restreints. Il est intéressant de noter que les employés peuvent souvent contourner ces restrictions en accédant à un serveur proxy externe. En fait, il existe de nombreux serveurs mandataires à cette fin spécifique. Si le pare-feu de l'organisation ne bloque pas spécifiquement l'adresse IP d'un serveur proxy externe particulier (c'est pourquoi certains choisissent d'utiliser une liste blanche), il peut alors relayer le contenu à un utilisateur par le biais de sa propre adresse IP non bloquée, contournant ainsi les filtres de contenu.

De nombreux utilisateurs se connectent à des serveurs proxy afin d'accéder à des sites web ou à des serveurs de manière anonyme. Cela peut être uniquement pour des raisons générales de protection de la vie privée ou pour dissimuler des activités de piratage. Il arrive que des utilisateurs dont l'adresse IP a été interdite sur un site web ou un service en ligne tentent d'y accéder par le biais d'un proxy. Par ailleurs, de nombreux pays bloquent l'accès de leurs habitants à certains domaines ou empêchent des tiers d'accéder à des contenus locaux. Les proxy peuvent être utilisés pour donner l'impression que l'on se trouve dans un lieu géographique particulier afin de contourner ces restrictions.

Des serveurs proxy malveillants peuvent être mis en place par des pirates informatiques pour se situer entre un utilisateur cible et un lieu légitime. Si l'utilisateur cible n'est pas conscient de cet arrangement, ou s'il a l'impression d'utiliser un proxy sûr, le pirate peut lire et enregistrer le trafic passant entre les nœuds ou mener des attaques de type "man-in-the-middle".

TROUVER ET SE CONNECTER À DES SERVEURS PROXY OUVERTS SUR LE WEB

La possibilité d'utiliser un serveur proxy à des fins d'anonymat dépend en grande partie du fait que le système auquel on accède ignore qu'il est connecté à un proxy. Les services qui ne souhaitent pas que les utilisateurs se connectent à eux via un proxy bloqueront toute adresse IP connue du serveur proxy. Par conséquent, les adresses des serveurs proxy accessibles au public sont en grande partie éphémères. Les utilisateurs peuvent trouver des serveurs proxy payants (et certains gratuits) qui utilisent un logiciel côté client pour mettre à jour l'adresse proxy si nécessaire. Les utilisateurs peuvent également consulter un certain nombre de sites web qui tiennent à jour des listes de serveurs proxy ouverts connus, afin de pouvoir se connecter à un nouveau serveur si l'ancien expire ou est bloqué. Ces listes contiennent souvent la vitesse, la fiabilité, le pays d'accueil, la dernière connexion réussie connue et d'autres informations en plus de l'adresse IP du serveur et du port de chaque serveur dans un format triable. Certains sites disposent de listes de proxy ouvertes :

https://www.proxynova.com/proxy-server-list/

http://www.publicproxyservers.com/proxy/list1.html

http://list.proxylistplus.com/Fresh-HTTP-Proxy-List-1

Bien que certains serveurs proxy soient basés sur le web et vous connecteront à des services de destination au sein de leur propre application web, il est généralement nécessaire de configurer un navigateur web ou un système d'exploitation pour se connecter à une adresse proxy souhaitée.

Dans Windows 10, le serveur proxy peut être configuré sous Panneau de configuration > Options Internet > Connexions > Paramètres LAN.

Sous Linux, ouvrez l'application Network et sélectionnez la section Network Proxy. Choisissez la configuration manuelle pour entrer l'adresse du proxy.

Sous Windows, Linux et Mac, un serveur proxy peut également être configuré dans les paramètres du navigateur.

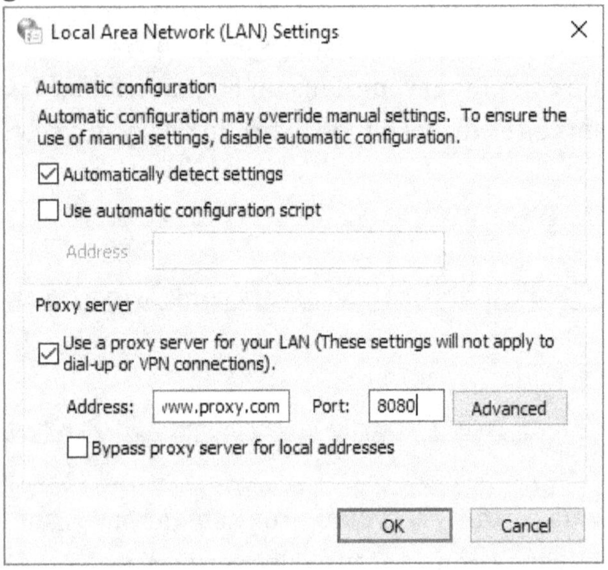

Figure 34 - Paramètres du proxy du navigateur

CHAÎNES DE PROCURATION

Bien que les serveurs proxy fassent un travail suffisant dans la plupart des cas pour cacher l'adresse IP d'un client à un serveur de destination, ils ne fournissent qu'une couche de protection. Comme l'adresse IP du client est connue - même si ce n'est que temporairement - par le serveur proxy, cette information pourrait être obtenue en accédant aux journaux du serveur proxy. Le personnel de sécurité ou les pirates informatiques peuvent essayer d'obtenir ces journaux par leur propre piratage ou par le biais de citations à comparaître des forces de l'ordre. Toutefois, chaque serveur proxy ne dispose que de l'adresse IP du demandeur qui le précède immédiatement. Ainsi, si plusieurs serveurs mandataires sont utilisés, il devient de plus en plus difficile, coûteux et long de suivre l'origine d'un paquet.

Proxychains est un programme Linux simple mais puissant qui achemine le trafic Internet à travers une série de serveurs proxy dans le but de dissimuler l'identité d'un client. Les pirates utilisent souvent les chaînes de serveurs proxy en conjonction avec des programmes de collecte ou d'exploitation d'informations pour garder leur emplacement et leur identité secrets. Il convient de rappeler ici qu'aucune mesure d'anonymat n'est totalement infaillible, et les chaînes de serveurs mandataires ne font pas exception. Les forces de l'ordre et la communauté des pirates informatiques cherchent constamment des moyens de compromettre les outils de piratage et d'anonymat courants.

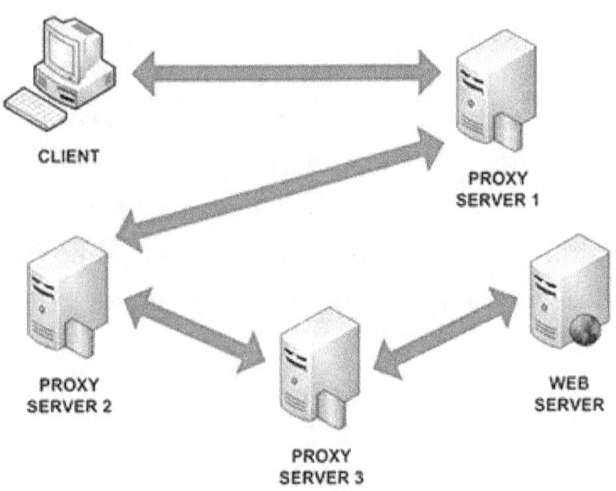

Figure 35 - Une chaîne de procuration

INSTALLATION ET CONFIGURATION DE PROXYCHAINS SOUS LINUX

Proxychains est un outil standard de la suite Kali Linux. A installer dans toute distribution Linux :

sudo apt-get install proxychains

Les paramètres et les listes de serveurs proxy pour les chaînes de serveurs proxy peuvent être définis dans le fichier de configuration, proxychains.conf, généralement situé dans le chemin d'accès /etc.

L'un des choix qu'un utilisateur doit faire est de savoir s'il doit mettre en place une chaîne de proxy stricte ou dynamique. Une chaîne dynamique maintiendra la connectivité en sautant un serveur dans la liste de proxy s'il tombe en panne. Par défaut, l'option strict_chain est activée et dynamic_chain est commentée. Pour activer le chaînage dynamique, supprimez le hachage de commentaire (#) de la ligne dynamic_chain et tapez un nouveau hachage avant strict_chain.

La section [ProxyList] du fichier de configuration vous permet de mettre une liste ligne par ligne des serveurs proxy à utiliser dans la chaîne. Le fichier de configuration contiendra un exemple du format requis pour chaque ligne de proxy, qui comprend le type de proxy (HTTP, SOCKS5, etc.), l'adresse du port, le nom d'utilisateur (si nécessaire) et le mot de passe (si nécessaire), chacun étant séparé par un espace ou une tabulation :

chaussettes5 192.168.67.78 1080lamersecret

http   192.168.89.3 8080justuhidden

chaussettes4 192.168.1.49 1080

http192.168.39.93 8080

Une grande chose à propos des chaînes de proxy est qu'elles peuvent utiliser Tor comme source de proxy. En fait, par défaut, le fichier de configuration des chaînes de proxy est configuré pour accéder au port local de Tor. Cependant, vous devez vérifier les lignes de configuration pour vous assurer que tous les types de proxy corrects pour Tor sont inclus. Si la section [ProxyList] ne contient que la ligne suivante,

chaussettes4 127.0.0.1 9050

alors il est réglé pour utiliser Tor, mais seulement avec le protocole SOCKS4, qui peut ne pas fonctionner. Ajoutez la ligne suivante pour garantir l'utilisation de SOCKS5 :

chaussettes5 127.0.0.1 9050

Rappelez-vous que pour utiliser des chaînes de proxy via Tor, le service Tor doit d'abord être en fonctionnement :

service tor start

Maintenant, pour utiliser un programme par le biais de chaînes de procuration, il suffit de taper les chaînes de procuration suivies du nom du programme et de toutes les balises d'option souhaitées. Pour tester la configuration, vous pouvez lancer un simple scan nmap (dont il sera question plus loin) sur un site web sécurisé.

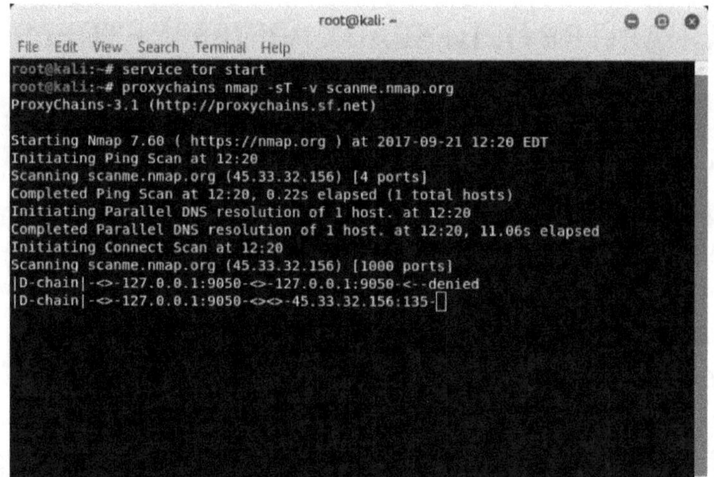

Figure 36 - Gestion des chaînes de procuration

CHAPITRE 8. RÉSEAUX PRIVÉS VIRTUELS

Les mécanismes de relais des deux sujets précédents, les nœuds Tor et les serveurs proxy, appartiennent à un groupe particulier d'entités connues sous le nom de **nœuds de sortie**. Le but d'un nœud de sortie, indépendamment de son fonctionnement réel, est de faire face à un serveur de destination pour le compte d'un utilisateur, en masquant à la fois l'identité de l'utilisateur et tout chemin ultérieur. Un autre type de nœud de sortie très répandu est le **réseau privé virtuel** (VPN), qui est essentiellement un moyen d'étendre un réseau local à des nœuds externes de sorte que ces nœuds deviennent une partie du réseau local. Cette pratique a de nombreux usages légitimes, notamment celui de permettre à des réseaux d'entreprise situés dans des zones géographiques disparates de se connecter et de partager des ressources en toute sécurité. Bien entendu, ce serait un grand avantage pour les pirates informatiques de pouvoir rejoindre le réseau d'un serveur cible de cette manière.

VPN Et Tunnels

La puissance d'un réseau privé virtuel réside dans la pratique du **"tunneling"**. Au lieu de se connecter à un serveur de destination via l'internet via un fournisseur de services, l'utilisateur établit une

connexion cryptée avec un serveur VPN qui se
connecte ensuite à la destination. Bien qu'un FAI
puisse voir si un utilisateur est connecté à une adresse
IP connue d'un serveur VPN, il ne peut pas lire le trafic
crypté. Lorsqu'une demande est envoyée par
l'utilisateur au serveur VPN, le service VPN décrypte
la demande (qui comprend les en-têtes de destination)
et la relaie par l'intermédiaire d'Internet. Lorsque les
paquets sont renvoyés au VPN, ils sont réencryptés et
relayés à l'utilisateur par le tunnel établi.

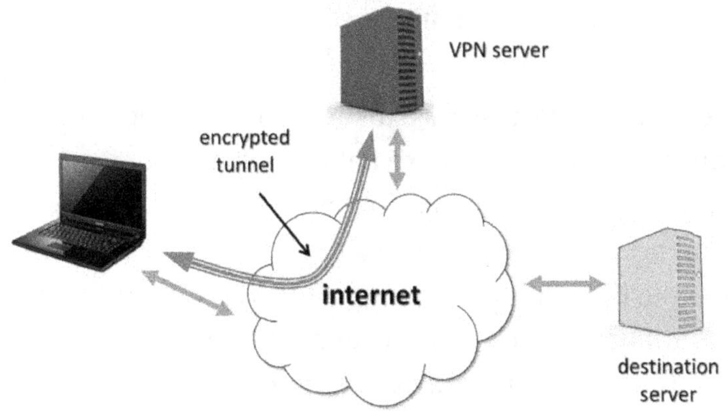

FIGURE 37 - UN TUNNEL VPN

TYPES ET UTILISATIONS DES VPN

Il existe deux principaux types de serveurs VPN en
fonction de leur objectif, l'**accès à distance** et le **site à
site**. Un VPN d'accès à distance est celui le plus
couramment utilisé par les utilisateurs à domicile ou à
titre personnel, soit pour protéger leur anonymat, soit
pour contourner les restrictions d'accès des FAI, des

entreprises ou des régions. Les particuliers ou les entreprises peuvent également utiliser ce type de VPN pour rejoindre leur réseau local respectif depuis un endroit extérieur. Cet arrangement peut être souhaitable pour les organisations ayant plusieurs sites ou du personnel distant qui ont besoin d'accéder de manière sécurisée à des bases de données ou à des services centraux. Les utilisateurs à domicile peuvent mettre en place un VPN de manière similaire pour accéder à leurs fichiers chez eux ou pour contrôler leur ordinateur à distance.

Bien qu'un VPN d'accès à distance puisse créer une connexion cryptée, cela se fait en encapsulant les paquets qui circulent sur Internet comme du trafic standard. Les VPN de site à site créent une connexion plus sûre en employant des protocoles qui maintiennent la communication de routeur à routeur. Cette communication n'est possible qu'après authentification mutuelle du serveur et du client.

PROTOCOLES VPN

Le type de protocole utilisé par un service VPN particulier dépend largement de l'objectif du serveur et des besoins de l'utilisateur. De nombreux services VPN commerciaux permettent aux clients de sélectionner le type de protocole de serveur qu'ils souhaitent utiliser. Ce choix est souvent un compromis entre sécurité, fiabilité et rapidité. Le cryptage, par nature, ralentira lui-même la vitesse de connexion dans une certaine mesure, mais comme plusieurs utilisateurs partagent généralement l'accès à un serveur, une forte congestion peut encore ralentir la vitesse. Le type de contenu auquel on accède a également une incidence sur le choix du protocole. La diffusion vidéo et audio en continu nécessite la prise en charge du port UDP et une bande passante plus large que la simple navigation HTTP. Certaines connexions d'entreprise peuvent nécessiter la prise en charge de certains protocoles de transfert de fichiers.

OpenVPN est un protocole VPN de plus en plus populaire qui utilise diverses bibliothèques open-source pour le cryptage et la communication. Le plus grand avantage d'OpenVPN est qu'il peut être appliqué à pratiquement n'importe quel port ou protocole de sous-couche. Il est difficile à bloquer pour les FAI et il est considéré comme le protocole le plus fiable, notamment en termes de sécurité. L'un des inconvénients est que la plupart des navigateurs ne prennent actuellement pas en charge OpenVPN en natif. Dans la plupart des cas, il est nécessaire d'utiliser un logiciel tiers pour connecter un ordinateur ou un appareil mobile à un serveur VPN avec ce type de protocole.

Le protocole de tunnelisation point à point (PPTP) est un ancien protocole VPN qui, bien qu'encore largement utilisé, n'est généralement pas recommandé lorsque d'autres options sont disponibles. Le PPTP offre un cryptage, mais il présente de nombreuses failles de sécurité et peut être plus facilement exploité que d'autres protocoles. Toutefois, en raison de sa prise en charge des anciennes plates-formes et des anciens systèmes d'exploitation, outre sa facilité d'utilisation, il est encore couramment utilisé. De nombreux services VPN proposent le PPTP en option pour les clients qui en ont besoin, mais les avertissent des risques de sécurité. Ce protocole convient mieux aux utilisateurs avancés ou aux applications pour lesquelles la sécurité des communications n'est pas une priorité absolue.

Le protocole L2TP (Layer ***2 Tunneling Protocol***) est un autre protocole VPN qui est souvent choisi pour sa facilité d'utilisation et son support natif, mais qui ne fournit pas un canal hautement sécurisé. Le L2TP n'effectue pas son propre cryptage de données, il doit donc être combiné avec un autre protocole de cryptage (généralement Internet Protocol Security, ou ***IPsec***). Un autre inconvénient du L2TP est qu'il est limité à un port particulier, ce qui permet aux pare-feux ou aux fournisseurs d'accès Internet de bloquer son utilisation relativement facilement.

Il existe d'autres protocoles avec des types de cryptage plus récents et un support de plate-forme différent, mais OpenVPN, PPTP et L2TP sont parmi les plus courants pour l'utilisation par les consommateurs.

CHOISIR UN VPN

Un particulier qui souhaite utiliser un réseau privé virtuel pour se connecter à l'internet en toute liberté, sécurité et anonymat a plusieurs choix, avec les compromis habituels entre le coût, la vitesse, la sécurité et la fiabilité (c'est-à-dire la stabilité). Bien que les VPN offrent un cryptage et un nœud de sortie permettant aux clients de masquer leur identité, les utilisateurs peuvent souhaiter savoir si leur activité est enregistrée. Des services VPN gratuits sont disponibles, mais ils doivent être utilisés avec beaucoup de prudence.

CONNEXION DES UTILISATEURS

L'un des éléments les plus importants à prendre en compte lors du choix d'un service VPN est de savoir si le fournisseur tient ou non des journaux de connexion et d'activité des clients. Si les journaux d'activité du VPN sont cités à comparaître par les forces de l'ordre ou compromis par des pirates, alors l'anonymat relatif fourni par le nœud de sortie n'est plus un avantage. Si un utilisateur souhaite une couche d'anonymat supplémentaire, il doit choisir un service VPN "sans journalisation". Il est important de noter, cependant, que "pas de connexion" signifie en réalité une connexion *minimale.* Un certain degré de journalisation interne doit avoir lieu pendant les opérations du VPN afin de maintenir la vitesse et la fiabilité de la connexion et de prévenir les attaques sur les serveurs. Les meilleurs services n'utilisent que le minimum de journalisation nécessaire pour maintenir la stabilité des opérations et ne conservent pas les enregistrements de ces journaux plus longtemps que nécessaire.

Les utilisateurs doivent se méfier des VPN, surtout s'ils sont gratuits, qui prétendent ne pas enregistrer d'activité tant qu'ils ne savent pas exactement ce que le service fait et ne fait pas (il y a souvent des mises en garde et des "petits caractères" pour les affirmations de non enregistrement). En outre, les services VPN gratuits ne sont pas nécessairement dignes de confiance. Il convient de faire preuve de diligence raisonnable avant d'utiliser un VPN gratuit. Il est utile de consulter en ligne les avis des utilisateurs pour savoir quels services (gratuits ou payants) sont réputés.

CONSIDÉRATIONS SUPPLÉMENTAIRES SUR LA SÉCURITÉ DES VPN

Si un utilisateur hésite à souscrire un abonnement à un service VPN réputé de peur de perdre son anonymat à cause de la transaction, il existe plusieurs

VPN commerciaux qui permettent aux clients de payer avec la monnaie numérique anonyme du **bitcoin**.

Si un utilisateur souhaite que son identité soit révélée par les journaux du VPN, même par des serveurs "sans journaux", il est possible pour les utilisateurs de combiner les connexions VPN par un processus appelé "**chaînage VPN**". Cela peut se faire en se connectant à un VPN sur une machine hôte, puis en mettant en place un service VPN différent sur une machine virtuelle au sein de ce même hôte. Si des journaux sont compromis sur le VPN interne, l'activité sera enregistrée comme provenant du VPN externe. Bien sûr, rien n'empêche quelqu'un d'essayer d'obtenir les journaux du VPN extérieur, mais cela ajoute un obstacle supplémentaire et une couche d'anonymat. En théorie, rien n'empêche un utilisateur de créer plusieurs machines virtuelles au sein de machines virtuelles, chacune avec un VPN différent, mais chaque couche supplémentaire ralentira considérablement la vitesse de connexion. Même une simple chaîne de deux VPN peut être très lente. Certains services VPN commerciaux offrent aux utilisateurs la possibilité d'enchaîner automatiquement deux de leurs serveurs (ce qui ne nécessite pas la mise en place d'une machine virtuelle).

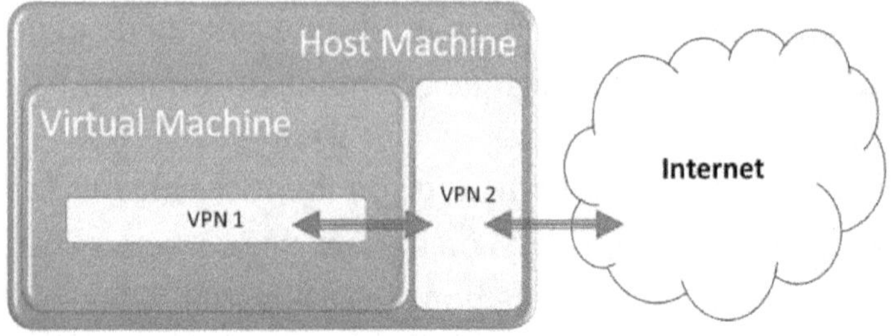

Figure 38 - Chaînage des VPN

Notez que certains services VPN donnent également aux utilisateurs la possibilité de se connecter du serveur VPN à la destination via le réseau Onion. Bien que cela puisse offrir des avantages supplémentaires en matière de sécurité, cela s'accompagne également d'une réduction de la vitesse de connexion.

CHAPITRE 9. INTRODUCTION AUX RÉSEAUX SANS FIL

Pendant les premières années de la mise en réseau des ordinateurs, pratiquement toutes les connexions entre les nœuds étaient faites par des câbles en cuivre. Le fil de cuivre est efficace, durable et peu coûteux. De plus, c'est le cuivre qui constituait à l'origine la colonne vertébrale de l'internet (qui a été mis en place sur le système de commutation téléphonique existant). Avec l'augmentation des besoins en données à large bande, la fibre optique a remplacé le cuivre pour une grande partie de la dorsale Internet, mais les réseaux locaux sont restés essentiellement basés sur le cuivre. L'explosion relativement récente des appareils mobiles, ainsi que le fait que les PC portables ont commencé à remplacer les ordinateurs de bureau moins portables comme principaux appareils informatiques, ont nécessité la mise en place généralisée de réseaux sans fil.

Bien que plus pratiques et plus souples que les réseaux câblés, les réseaux sans fil sont intrinsèquement moins sûrs car les signaux sont diffusés dans toutes les directions au lieu d'être confinés aux fils. Le remède à cette vulnérabilité a été de crypter la communication entre les nœuds sans fil. Les pirates informatiques capables de casser l'algorithme de cryptage sur un réseau sans fil peuvent alors accéder à leur cible.

TECHNOLOGIES SANS FIL

Il existe plusieurs types de normes de communication sans fil qui se distinguent généralement par leur objectif, leur portée, leur largeur de bande et leur vitesse. Chacune de ces normes est régie par son propre ensemble de protocoles aux couches appropriées, mais fonctionne toujours sous TCP/IP pour relayer les informations dans le cadre d'un réseau. Comme les signaux sans fil sont omnidirectionnels et se propagent à l'air libre, la qualité du signal diminue rapidement à mesure que la distance augmente par rapport à la source du signal, les débits de sodonnées ne peuvent être maintenus que sur une certaine distance. En outre, les signaux sans fil sont soumis à des interférences électromagnétiques qui peuvent dégrader la qualité du signal.

Le Wi-Fi (Wireless Fidelity) est une norme de communication sans fil omniprésente qui est couramment utilisée pour mettre en œuvre des réseaux locaux et commerciaux. La portée effective du Wi-Fi peut atteindre environ 100 mètres sans obstruction ni interférence, mais pour la plupart des environnements urbains et résidentiels, la portée effective pour une connexion fiable est d'environ 10 à 30 mètres. La technologie Bluetooth est généralement appliquée aux petits appareils et accessoires dans les limites d'un réseau local personnel (PAN) et peut s'étendre jusqu'à environ 10 mètres. La norme NFC (Near-Field Communication) à courte portée est normalement limitée aux transferts de données à court terme dans une portée de 0,1 mètre ou moins (nécessitant parfois un contact physique entre les appareils). LaFigure 24montre les portées relatives approximatives de ces normes sur une échelle logarithmique.

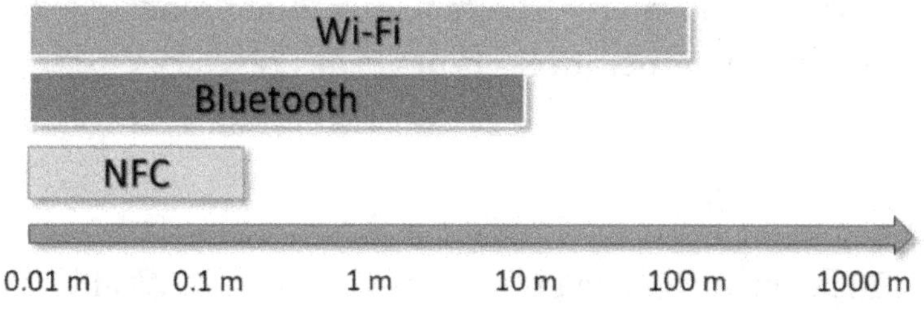

Figure 39 - Gammes comparatives des normes de réseaux sans fil

RÉSEAUTAGE WI-FI

Le Wi-Fi est si courant aujourd'hui qu'il est presque impossible de trouver un endroit dans une ville moderne où l'on ne détecte pas le signal d'un réseau public ou privé. C'est bien sûr le cœur de la vulnérabilité du Wi-Fi - le fait que toute personne à portée peut surveiller les signaux sans être physiquement connectée au réseau ou même, dans certains cas, sur le site prévu du réseau local. En fait, l'une des méthodes utilisées par les pirates consiste simplement à conduire ou à marcher dans les rues de la ville (c'est ce qu'on appelle la conduite de guerre) à la recherche de réseaux Wi-Fi non protégés à exploiter. Souvent, les pirates informatiques marquent ensuite ces endroits pour que d'autres pirates informatiques les trouvent en plaçant des symboles à la craie sur les bâtiments ou les trottoirs. Cette pratique est connue sous le nom de "war-chalking" (conduite de guerre). Cette vulnérabilité rend clairement impératif le cryptage des réseaux Wi-Fi.

La Norme 802.11

La norme originale pour la communication W-Fi a été établie par la norme 802.11 de l'Institute of Electrical and Electronics Engineers (IEEE). Cette norme a été modifiée au fil des ans avec diverses mises à jour en matière de vitesse, de portée et de sécurité. Les normes 802.11g et802.11n ont ensuite été maintenues pendant plusieurs années jusqu'à la récente publication de la norme 802.11ac (qui sera probablement bientôt obsolète). Comme les fréquences plus élevées permettent une plus grande largeur de bande, les bandes de fréquences prises en charge par le Wi-Fi comprennent 900 MHz,2,4 GHz,

3,6 GHz, 5 GHzet 60 GHz (connues sous le nom de gigabit sans fil, destinées aux applications audio et vidéo à haut débit). Les bandes actuellement utilisées dans la plupart des systèmes sont les bandes 2,4 GHz et 5 GHz, qui sont chacune segmentées en plusieurs canaux. Bien que les basses fréquences transportent une bande passante moins large, elles sont moins susceptibles d'être diffusées par les murs et autres obstructions.

Un réseau Wi-Fi, tel que défini par la norme, est constitué de deux ou plusieurs stations sans fil dont la communication est régie par une fonction de coordination (CF). Toutes les stations régies par une seule CF comprennent l'ensemble de services de base (BSS) du réseau local Wi-Fi (voir Figure 25).

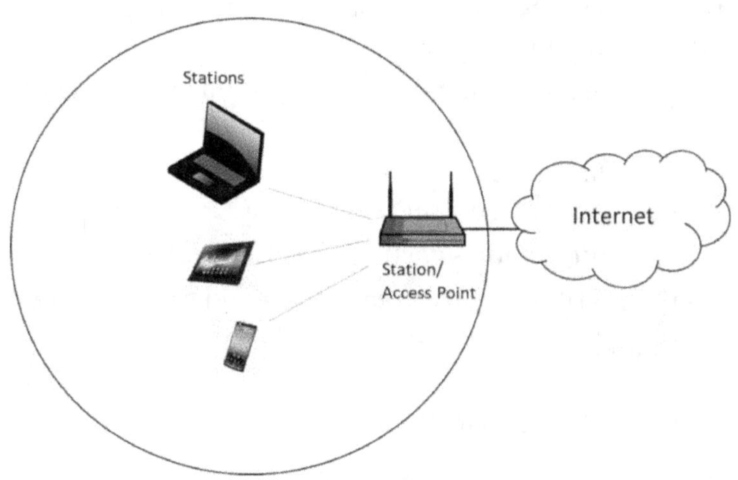

Figure 40 - LAN Wi-Fi BSS

Chaque station doit fournir quatre services de base :

•   Authentification - identifier correctement une station sur le réseau
•   Dénonciation - annulation d'une station précédemment authentifiée
•   Vie privée - cryptage des cadres de messages
•   MAC Service Data Unit (MSDU) Delivery - livraison d'une trame de données à sa destination

Une station qui sert de point d'accès sans fil (qui est normalement un routeur Wi-Fi) doit fournir cinq services supplémentaires :

•   Association - mise en correspondance d'une station authentifiée avec le point d'accès

•   Dissociation - annulation d'une station précédemment associée
•   Réassociation - remappage d'une station vers un autre point d'accès
•   Distribution - gestion de la livraison des trames MSDU au sein du réseau local
•   Intégration - gestion de la livraison des trames MSDU entre le réseau local et un réseau câblé extérieur

EXPLOITATION DES RÉSEAUX WI-FI

Paramètres

Un réseau Wi-Fi est défini par trois paramètres de base qui le distinguent des autres réseaux voisins : Le nom du réseau, le mode de fonctionnement et le canal de fonctionnement.

Le nom du réseau est connu sous le nom d'identificateur de l'ensemble de services (SSID). Bien que les routeurs soient livrés avec un SSID par défaut, la plupart des utilisateurs le changent pour un nom de réseau souhaité. Il est possible de supprimer la diffusion du SSID d'un réseau pour des raisons de confidentialité, mais les pirates informatiques avertis peuvent facilement trouver des noms de réseau cachés.

Les réseaux Wi-Fi peuvent fonctionner en mode ad hoc ou en mode infrastructure. Les réseaux d'infrastructure sont les plus courants, car ils consistent en un point d'accès central qui dessert plusieurs postes clients. C'est ainsi que la plupart des réseaux locaux domestiques ou professionnels sont configurés. Un réseau Wi-Fi ad-hoc est simplement une connexion bidirectionnelle directe entre deux stations (par exemple entre un ordinateur et une imprimante sans fil).

S'il existe plusieurs réseaux Wi-Fi à portée les uns des autres, il est préférable qu'ils fonctionnent sur des sous-fréquences (c'est-à-dire des canaux) distinctes au sein d'une bande commune. Chaque réseau unique peut se voir attribuer un canal manuellement, ou peut être configuré pour changer automatiquement de canal afin d'éviter les chevauchements. Le maintien de canaux de réseau sans chevauchement peut améliorer les performances du réseau pour tous les BSS dans une zone donnée.

Authentification et poignées de main
Afin de maintenir la sécurité et l'intégrité des données entre deux nœuds d'un réseau local sans fil, une authentification mutuelle doit d'abord avoir lieu. L'authentification est le processus qui consiste à confirmer l'identité d'une station (y compris les clients et les points d'accès). Dans le contexte de l'authentification, un client est connu comme un suppliant et le PA est un authentificateur.

La norme IEEE 802.1X décrit l'établissement et l'échange de clés cryptographiques. La norme IEEE 802.1X décrit l'établissement et l'échange de clés cryptographiques. Un exemple de cette norme requiert l'utilisation d'une clé partagée à l'avance entre les deux parties et d'une clé concaténée appelée clé transitoire par paire (PTK). Un autre concept important que les pirates informatiques doivent comprendre est le nonce cryptographique. Un nonce (abréviation de "nonsense" utilisé "une fois") est simplement une valeur aléatoire qui est émise pour être utilisée une fois et ensuite rejetée. Le but principal d'un nonce est de s'assurer que les communications par poignée de main ne peuvent pas être capturées et utilisées plus tard par les pirates pour forcer l'authentification (connue sous le nom d'attaque par rediffusion).

En gardant ces idées à l'esprit, une poignée de main à quatre se déroule comme suit (Figure 5) :

1.	Le point d'accès (AP) génère un nonce (ANonce) et l'envoie à la station (STA) pour être authentifié.

2.	Le STA construit le PTK à partir de la clé pré-partagée, de l'ANonce reçue, de son propre nonce (SNonce), de sa propre adresse MAC et de l'adresse MAC de l'AP. Cependant, les seules informations qu'il renvoie à l'AP sont son SNonce et un code d'intégrité de message (MIC) généré par algorithme pour vérifier l'authenticité du message.

3.	Avec le SNonce, l'AP dispose de toutes les informations nécessaires pour construire le même PTK que le STA a construit à l'étape précédente. Le PA construit ensuite une clé supplémentaire appelée clé temporelle de groupe (GTK)
- nécessaire aux opérations de multidiffusion sur le réseau - et l'envoie au STA avec un MIC.

4.	Enfin, le STA renvoie un accusé de réception standard (ACK) au PA, et la poignée de main est terminée.

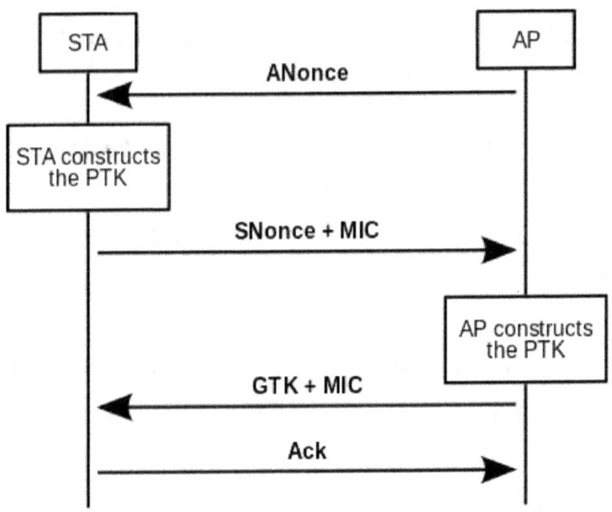

Figure 41 - Poignée de main à quatre voies

L'importance des nonces cryptographiques deviendra évidente dans le prochain chapitre, où il est montré qu'elles peuvent être exploitées pour compromettre certains protocoles de cryptage Wi-Fi.

CHAPITRE 10. CONFIGURATION ET OUTILS DE PIRATAGE SANS FIL

Le piratage sans fil nécessite des outils logiciels et du matériel spécialisés en raison de la nature unique des réseaux sans fil et de leurs schémas de cryptage standard.Les outils logiciels sont relativement faciles à obtenir et à utiliser, et sont fournis en standard avec les paquets Kali Linux. Les adaptateurs de réseau sans fil nécessaires nécessitent un peu de recherche avant d'être acquis, mais ils sont généralement peu coûteux et faciles à trouver.

KALI LINUX TOOLS

Hacking for Beginners décrit une procédure étape par étape pour craquer le mot de passe d'un réseau Wi-Fi crypté WEP utilisant Kali Linux. Le chapitre X de ce livre suit avec une attaque WPA/WPA2 utilisant la même collection d'outils. Ces outils sont décrits plus en détail ici, ainsi que les logiciels supplémentaires qui peuvent être utilisés pour dissimuler l'identité du pirate.

LA SUITE D'AVIONS

La suite **Aircrack** est un ensemble d'outils à source

ouverte basés sur Linux utilisés pour la surveillance des réseaux sans fil et les tests de pénétration. Tous les programmes de la suite aircrack sont exécutés sur la ligne de commande du terminal Linux. Bien que le terme "aircrack" soit utilisé comme terme général pour la suite actuelle, il est officiellement intitulé "***aircrack-ng***" (le suffixe "ng" et le tiret signifient "next generation" et sont utilisés pour désigner la ramification d'un projet logiciel ayant subi des modifications importantes) depuis 2007. Aircrack-ng est également le nom d'un des programmes de la suite. Le paquet aircrack est disponible gratuitement et est inclus en standard dans Kali Linux.

La suite Aircrack est écrite pour la norme Wi-Fi 802.11 et peut surveiller ou attaquer le cryptage WEP et WPA/WPA2 avec l'équipement approprié. Il y a actuellement 16 programmes dans la suite qui effectuent diverses tâches de reniflage, d'analyse, d'injection, de décryptage ou de craquage de mots de passe, entre autres.

Le programme phare de la suite est l'outil de craquage des clés de cryptage Aircrack-ng. Ce programme utilise différentes méthodes selon qu'il s'agit de craquer une clé WEP ou WPA/WPA2. La méthode de craquage de la clé WEP est basée sur une attaque de chiffrement en flux qui fonctionne en rassemblant un grand nombre de paquets interceptés pour former la clé. Cette méthode exploite une faiblesse inhérente aux vecteurs d'initialisation pour le WEP. L'attaque par chiffrement en flux peut être utilisée en conjonction avec une attaque par dictionnaire pour exploiter plus rapidement les mots de passe faibles. Aircrack-ng utilise également une attaque par dictionnaire pour craquer le WPA/WPA2, mais cela ne fonctionne que pour les clés très faibles.

L'outil airmon-ng est utilisé pour mettre l'adaptateur sans fil de la machine attaquante dans un état appelé mode moniteur (voir section suivante). Cette étape doit être franchie avant qu'une surveillance Wi-Fi utile puisse avoir lieu.

Airodump-ng est un renifleur de paquets de réseau sans fil, ou analyseur de réseau. Il intercepte les trames brutes provenant de l'adaptateur sans fil connecté. Airodump-ng utilise ces trames pour extraire les vecteurs d'initialisation nécessaires pour craquer une clé WEP.

Aireplay-ng est un outil d'injection de paquets qui utilise l'adaptateur sans fil connecté pour diffuser sur le canal du point d'accès attaqué. Aireplay-ng peut être utilisé pour désauthentifier les clients sur un réseau afin d'augmenter le trafic pour la capture d'airodump-ng. D'autres attaques impliquant une fausse authentification et l'injection de faux paquets peuvent également être réalisées avec l'Aireplay-ng.

Les programmes décrits ci-dessus sont les outils les plus courants et les plus familiers en matière d'aviation. Ils peuvent être utilisés pour la plupart des attaques de craquage, de déni de service ou d'injection WEP et WPA/WPA2. Les autres outils de craquage sont énumérés dans le tableau ci- dessous avec une brève description de leur objectif.

airbase-ng	Un outil pour attaquer les clients sans fil
airdecap-ng	Décrypte les paquets cryptés (lorsque la clé est connue)
airdecloak-ng	Filtre tout "camouflage" des paquets WEP captures
airolib-ng	Tient à jour une base de données de mots de passe et de clés pour le craquage WPA/WPA2
airserv-ng	Permet à d'autres machines d'utiliser l'interface sans fil connectée
airtun-ng	Crée une connexion virtuelle de tunnel pour surveiller ou injecter du trafic crypté
buddy-ng	Serveur Aremote utilisé avec easside-ng (voir ci-dessous)
easside-ng	Communiquer avec un point d'accès non fissuré, connecté à Internet et crypté WEP
ivstools	Extrait et fusionne les vecteurs d'initialisation des paquets capturés
packetforge-ng	Injection de paquets cryptés personnalisés

MACCHANGER

L'une des vulnérabilités du Wi-Fi est que les signaux sont diffusés dans toutes les directions pour que toute personne à portée puisse les détecter. C'est pourquoi le cryptage des données est si important dans les réseaux sans fil. Si quelqu'un collecte ou "renifle" le trafic réseau diffusé sur un canal particulier, le point d'accès de ce réseau ne peut pas le savoir car la surveillance est passive par nature. Il est important que les pirates restent discrets, c'est pourquoi les attaques passives sont toujours préférées lorsque cela est possible. Malheureusement (pour le hacker), de nombreuses personnes s'accrochent aux attaques passives WEP et le WEP est en train d'être éliminé progressivement. La plupart des attaques sans fil dignes d'intérêt nécessiteront à terme un certain degré de diffusion ou d'injection de paquets sur le canal.

Tous les paquets IP doivent contenir des informations sur les nœuds source et destination dans l'en- tête, y compris l'adresse IP et l'adresse MAC. Un pirate informatique menant une attaque sans fil le fait par l'intermédiaire de son propre adaptateur réseau sans fil, et non par l'internet, de sorte que toute information relative à l'adresse IP dans un en-tête de paquet envoyé par le pirate informatique est ambiguë (dans tous les cas, elle peut être facilement falsifiée à l'aide des outils de piratage aérien énumérés dans la section précédente). Par conséquent, l'origine d'une attaque sans fil ne peut pas être retracée jusqu'à la machine ou l'emplacement via l'IP source comme cela peut être le cas sur Internet. Cependant, toutes les cartes d'interface réseau sont dotées d'une adresse MAC unique qui indique à la fois le fabricant et le dispositif individuel. Des agents de la force publique ou du personnel de sécurité déterminés et bien financés peuvent extraire cet identifiant des en-têtes de paquets suspects et l'utiliser pour tenter d'identifier l'attaquant. Si la carte d'interface a été achetée ouvertement par le pirate, le fabricant pourrait identifier le commerçant qui a vendu l'appareil avec cette adresse MAC, la date et l'heure de l'achat, et l'identité de l'acheteur à partir de toute trace financière laissée.

C'est une bonne pratique, et donc une affaire simple, que de modifier l'adresse MAC diffusée dans les paquets lors d'une attaque. Bien que l'adresse MAC soit elle-même permanente dans le matériel et ne puisse pas être modifiée, l'adresse soumise dans les en-têtes de paquets est facilement falsifiée avec un outil Linux simple (et gratuit, open source) appelé macchanger. En une seule ligne, le macchanger peut modifier l'adresse MAC associée à une interface réseau particulière en une adresse aléatoire ou arbitraire définie par l'utilisateur. Bien qu'une adresse

MAC aléatoire ou une falsification simpliste (comme 00:00:00:00:00:00 ou FF:FF:FF:FF:FF:FF) dissimulera certainement l'identité d'un attaquant, elle peut également faire apparaître un paquet comme suspect aux systèmes de détection d'intrusion ou aux moniteurs de réseau. Si un réseau ne reconnaît pas le code du fabricant sur l'adresse MAC d'un paquet entrant, il pourrait être conçu pour faire tomber le paquet ou signaler une alerte.

Pour modifier l'adresse MAC d'un adaptateur dans Kali Linux, il faut d'abord le mettre hors service avec la commande suivante :

```
# ifconfig eth0 down
```

Où eth0est l'adaptateur à modifier. Pour changer l'adresse MAC de l'adaptateur en une adresse aléatoire, utilisez un macchanger avec une balise "-r" :

```
#macchanger -r eth0
```

Un changement réussi donnera des résultats similaires à ceux qui suivent :

```
#Current MAC : 08:00:27:89:88:44
# Faked MAC : 95:45:0c:ad:64:94
```

Où le champ "Faked MAC" contient la nouvelle adresse MAC hexadécimale randomisée, désormais associée à l'adaptateur. Pour passer à une adresse MAC spécifique, utilisez la balise "-m" :

```
# macchanger -m 00:03:77:7d:8a:05 eth0
```

Résultats :

```
# MAC actuel : 95:45:0c:ad:64:94
# Faked MAC : 00:03:77:7d:8a:05
```

Enfin, reconnectez l'adaptateur à utiliser avec l'adresse MAC usurpée :

```
# ifconfig eth0 up
```

Pour falsifier l'adresse MAC d'un fabricant spécifique, des listes de préfixes associés aux fabricants d'appareils peuvent être trouvées en ligne. Wireshark tient à jour une liste à l'adresse :

https://www.wireshark.org/tools/oui-lookup.html

ADAPTATEURS SANS FIL

La plupart des piratages informatiques n'impliquent pas d'équipement spécial autre qu'un ordinateur, les outils logiciels nécessaires (dont la plupart sont gratuits), et une sorte d'interface réseau. Cependant, le piratage sans fil, en particulier pour la norme Wi-Fi 802.11, nécessite généralement un adaptateur de réseau sans fil spécialisé. En plus de la prise en charge du mode moniteur (voir ci-dessous), un pirate peut avoir besoin d'un adaptateur externe ayant une portée étendue ou une capacité directionnelle afin d'atteindre une cible spécifique.

MODE MONITEUR

Selon la norme Wi-Fi 802.11, les adaptateurs de réseau peuvent fonctionner à tout moment dans l'un des sept modes, en fonction de l'utilisation prévue de l'appareil.

- **Mode maître** - servant de point d'accès au réseau
- **Mode géré** - un client sur le réseau
- **Mode ad-hoc** - nœud sans point d'accès
- **Le mode maille** - une topologie alternative ad hoc
- **Mode répéteur** - réémission de signaux
- **Mode prometteur** - renifler le trafic associé
- **Mode moniteur** - renifler tout le trafic Wi-Fi

Deux modes intéressants pour les pirates sont le mode promiscuité et le mode surveillance, tous deux utilisés dans l'analyse des réseaux. Le mode "Promiscuous" est un peu inapproprié.

Contrairement à la jeune femme au lycée qui sortait avec tous les garçons, un adaptateur sans fil en mode "promiscuous" n'accepte pas tous les paquets qu'il détecte. En mode "promiscuous", les seuls paquets captés sont ceux dont l'en-tête indique qu'ils proviennent d'un point d'accès auquel l'adaptateur est actuellement associé. Inversement, un appareil en mode moniteur (Radio Frequency Monitoring, ou RFMON) prend simplement tous les paquets Wi-Fi dans sa plage de détection (une analogie serait la livraison du courrier à votre domicile. Dans l'idéal, vous ne verrez jamais que le courrier ou les colis qui sont adressés à votre domicile. Dans ce cas, vous fonctionnez donc en mode "promiscuité". Cependant, au bureau de poste, les personnes et les machines qui trient le courrier peuvent observer tout le courrier qui passe, et fonctionnent donc en mode surveillance). Ce mode est nécessaire pour craquer les cryptages WEP et WPA/WPA2, car il faut capturer plusieurs paquets cryptés sur le réseau protégé avant de pouvoir tenter de les décrypter. L'outil airmon-ng est utilisé pour mettre un adaptateur connecté en mode surveillance. Ce processus en ligne unique est présenté dans Hacking for Beginners.

Pour diverses raisons, les adaptateurs de réseau sans fil, les pilotes ou les systèmes d'exploitation ne prennent pas tous en charge les sept modes de fonctionnement du Wi-Fi. Afin d'utiliser au mieux la suite de l'avion, le pirate doit se procurer un adaptateur sans fil qui prend en charge le mode moniteur. La plupart, voire la totalité, des radios sans fil internes des ordinateurs de bureau, des ordinateurs portables et des appareils mobiles ne prennent pas en charge le mode moniteur. Il est nécessaire d'obtenir un dispositif (généralement externe, USB) doté de cette capacité avant d'attaquer un réseau sans fil. Ce n'est pas toujours simple, mais l'équipement est généralement abordable et facile à obtenir. La première étape consiste à trouver une liste de puces de contrôleurs d'adaptateurs sans fil qui sont pris en charge par le système d'exploitation que vous avez choisi.

Cette liste changera périodiquement et les puces supportées iront et viendront. La meilleure façon de trouver une liste de travail est de faire des recherches sur Internet et sur les forums. La liste suivante est une liste partielle des puces sans fil qui supportent le mode moniteur dans Kali Linux à partir de 2017.

- ***Atheros AR9271***
- Ralink RT3070 et RT3572
- Realtek 8187L Wireless G et RTL8812AU

Une fois que vous savez quels jeux de puces sont pris en charge par votre système d'exploitation, il devient relativement facile de rechercher un adaptateur réseau qui comporte l'un de ces jeux de puces. Un fabricant courant d'adaptateurs USB externes sans fil qui proposent des puces en mode moniteur dans Kali Linux est Alfa Network, Inc.

CHAPITRE 11. PIRATAGE DU CRYPTAGE WI-FI WPA2

La compréhension des opérations de base impliquées dans la communication Wi-Fi, telle que présentée au chapitre 9, est la première étape de l'exploitation de ses vulnérabilités. Le livre Hacking for Beginners fournit une bonne introduction aux différents protocoles de cryptage sans fil et aux outils open-source pour attaquer les réseaux, et passe en revue l'un des hacks les plus rudimentaires. Ce chapitre suit en évaluant les protocoles plus avancés et leurs vulnérabilités. Il est important de se rappeler qu'une fois qu'une procédure de piratage est bien connue et qu'elle est utilisée couramment, il ne faut généralement pas beaucoup de temps pour que la vulnérabilité soit fixée ou que la cible en question soit complètement abandonnée. Un grand hacker ne doit jamais être complaisant et doit essayer de se tenir informé des dernières attaques.

Le piratage Wi-Fi se prête particulièrement bien à la pratique du piratage en toute sécurité. La meilleure façon de se familiariser avec les différentes attaques Wi-Fi et de les maîtriser est tout simplement d'exploiter son propre réseau. Avec l'accès à un routeur sans fil, le pirate peut définir le protocole de cryptage, modifier la longueur et la complexité des mots de passe ou effectuer d'autres changements qui affectent la sécurité. Pirater son propre réseau Wi-Fi et ensuite modifier divers paramètres pour le contrer est le meilleur moyen de devenir un pirate expert dans un environnement sans conséquences.

PROTOCOLES DE CRYPTAGE WI-FI

Hacking for Beginners présente un bref historique et un aperçu des protocoles de cryptage standard depuis la création du Wi-Fi. Ce chapitre passera en revue certaines de ces informations à la lumière de concepts plus avancés, mais mettra l'accent sur les normes et technologies les plus récentes - qui fournissent des cibles plus difficiles.

WEP

Le premier protocole de cryptage utilisé pour les réseaux sans fil a été le WEP (Wired Equivalent Privacy). Ce nom vient du fait que les auteurs de la norme Wi-Fi ont reconnu que des mesures supplémentaires étaient nécessaires pour sécuriser les transmissions de données sans fil qui étaient ouvertement diffusées - ce qui n'était pas un problème avec les réseaux câblés. Une méthode était nécessaire pour combler le fossé de la confidentialité entre les médias câblés et sans fil.

Malheureusement (mais heureusement pour les hackers !), il n'a pas fallu longtemps avant que les faiblesses inhérentes au WEP soient découvertes. WEP utilise un "vecteur d'initialisation" unique, ou IV (similaire à un nonce) dans ses poignées de main d'authentification. Ce vecteur est ajouté à la clé partagée, mais il est envoyé non chiffré car il n'est destiné à être utilisé qu'une seule fois. Cependant, comme la longueur du IV est si courte, il réapparaîtra naturellement à des intervalles aléatoires s'il y a suffisamment de trafic. Par conséquent, les pirates ont simplement besoin de capturer passivement des paquets de données sur le canal cible et de récupérer une partie de la clé chaque fois que l'IV réapparaît. Plus le trafic sur le réseau cible est important, plus la clé entière peut être récupérée rapidement (voir Figure 42).

Hacking for Beginners décrit la procédure d'exploitation d'un réseau Wi-Fi crypté WEP. Un adaptateur sans fil spécial est nécessaire pour la procédure dont le jeu de puces supporte le "mode moniteur". Cet équipement est relativement peu coûteux et facile à trouver. Kali Linux comprend tous les logiciels nécessaires pour effectuer le piratage, y compris airmon-ng, airodump-ng et aircrack-ng. Les améliorations apportées au WEP, notamment une plus grande taille d'IV, ont augmenté le temps nécessaire pour pirater un réseau crypté WEP, mais la vulnérabilité demeure. De nombreux routeurs sans fil récents n'incluent plus le WEP comme paramètre de cryptage en raison de son insécurité, et il est généralement recommandé de ne pas l'utiliser pour sécuriser un réseau, sauf si cela est nécessaire pour la prise en charge de certains clients existants. Le piratage WEP est cependant un bon moyen pour les pirates de se mouiller et de se familiariser avec certains des outils couramment utilisés pour l'exploitation sans fil.

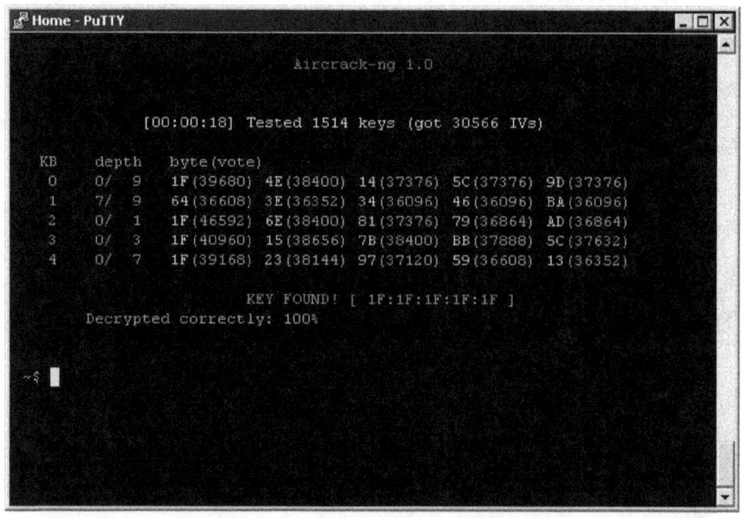

Figure 42 - Une clé Wi-Fi décryptée avec succès (aircrack-ng.org)

WPA

La réponse aux vulnérabilités de sécurité du WEP a été le développement d'un tout nouveau protocole de cryptage appelé WPA2, qui sera décrit ci-dessous.

Cependant, la mise en œuvre de WPA2 a nécessité la fabrication et la distribution de nouveaux matériels de routage. Pour les équipements qui ne pouvaient pas supporter le WPA2, la mesure provisoire du WPA a pu être mise en œuvre comme une amélioration significative, bien que temporaire, par rapport au WEP. L'accès protégé Wi-Fi (WPA) était une mise en œuvre logicielle qui améliorait la sécurité des communications sans fil grâce à l'utilisation d'une mise à jour du micrologiciel des cartes d'interface sans fil compatibles WEP.

Au lieu d'utiliser un vecteur d'initialisation unique annexé à une clé partagée, le WPA modifie dynamiquement la clé de chiffrement complète de 128 bits par paquet. En outre, le WPA a commencé à mettre en œuvre le code d'authentification des messages (MAC), décrit dans le chapitre précédent, pour empêcher la réutilisation d'anciens paquets. Ces procédures sont appelées collectivement le protocole d'intégrité de la clé temporelle (TKIP).

Malgré les améliorations apportées par le WPA par rapport au WEP, il a été inévitablement compromis par les pirates informatiques - bien que par des moyens plus avancés que ceux du WEP. Les attaques WPA, contrairement à la passivité de l'exploitation WEP, exigeaient des pirates qu'ils transmettent des paquets dans le canal du réseau cible par ce que l'on appelle l'injection de paquets.

L'injection de paquets peut être réalisée à l'aide d'un autre outil de la suite de l'avion appelé aireplay-ng. Comme le WPA2 est disponible depuis plus de dix ans maintenant et qu'il est considéré comme le protocole le plus sûr, son utilisation n'est plus prise en charge ni recommandée.

WPA2

Wi-Fi Protected Access II (WPA2) est le protocole de cryptage standard actuel pour les réseaux Wi-Fi. Il existe trois types de méthodes de distribution de clés pour le WPA2, en fonction du type et de la taille du réseau :

1.   Clé pré-partagée (WPA-PSK) - pour les réseaux domestiques et les petits bureaux
2.   Entreprise - pour les grands réseaux et les réseaux d'entreprise (nécessite un serveur d'authentification)
3.   Wi-Fi Protected Setup (WPS) - une méthode simplifiée, mais peu sûre

Le livre limitera la discussion au WPA-PSK et fait

référence à ce système lorsqu'il mentionne le WPA2.

Le WPA2 a amélioré le faible cryptage TKIP du WPA

en adoptant la norme de cryptage avancée (AES).

PIRATAGE DE WPA2

Malgré les améliorations considérables de la sécurité offertes par le WPA2 par rapport au WEP et au WPA, il a sa part de vulnérabilités exploitables. Si les utilisateurs utilisent des mots de passe faibles, leurs réseaux sont susceptibles de faire l'objet d'attaques par dictionnaire et d'autres méthodes de force brute, même sous WPA2. Bien que le WPA2 ne puisse pas encore être compromis par des exploits passifs et insignifiants comme le WEP, les pirates informatiques ont été occupés à rechercher des faiblesses. Au fil des ans, plusieurs attaques plus ou moins complexes ont vu le jour. Souvent, les normes Wi-Fi ont été contrecarrées par des mises à jour et divers correctifs.

AÉRONEF

La procédure décrite ici est destinée à développer les compétences acquises lors de l'attaque passive WEP expliquée dans Hacking for Beginners et utilise la suite d'avions incluse dans Kali Linux. Cette attaque suppose que le système cible dispose d'un mot de passe faible (en utilisant des mots courants) ou relativement court, sinon son exécution prendrait un temps prohibitif. Comme pour toute attaque, les équipements et les logiciels ne sont pas tous identiques et tout ne se passera pas toujours comme prévu. Le lecteur est donc invité à se référer à de multiples sources d'information et de dépannage. Pour attaquer le WPA/WPA2

1)   Visualisez tout le trafic Wi-Fi à portée en mode "moniteur" (défini par airmon-ng) en utilisant airodump-ng.

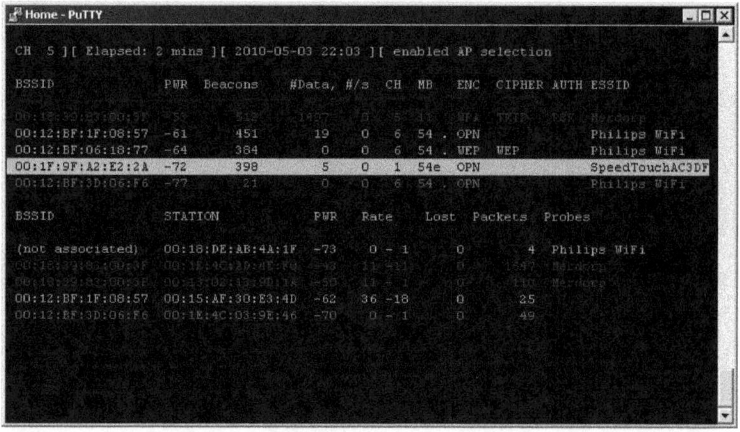

Figure 43 - Résultats de l'étude airodump-ng

Trafic W-Fi en direct sur plusieurs routeurs (.aircrack-ng.org)

2)   Choisissez un réseau Wi-Fi cible qui utilise le cryptage WPA ou WPA2 et notez le nom (ESSID) et l'adresse du réseau (BSSID sous la forme XX:XX:XX:XX:XX:XX:XX).

3)   Redémarrez **airodump-ng** pour commencer à capturer le trafic du réseau spécifique que vous visez :

```
~$ airodump-ng -c CH -bssid
XX:XX:XX:XX:XX:XX:XX -w psk ath0
```

où CH est le canal pour l'adresse MAC BSSID cible XX:XX:XX:XX:XX:XX:XX et ath0 est l'adaptateur activé en mode moniteur.

4)   Déployez le script aireplay-ng pour "désauthentifier" (voir le chapitre précédent) tous les clients qui sont actuellement connectés au réseau cible. Cela force une nouvelle poignée de main et accélère le processus de craquage.

```
# aireplay-ng -0 1 -a XX:XX:XX:XX:XX:XX:XX -c CC:CC:CC:CC:CC:CC ath0
```

où CC:CC:CC:CC:CC:CC:CC Adresse MAC de la cible de désauthentification.

5)   Lancez Aircrack-ng pour parcourir une liste de dictionnaire et tenter de craquer la clé pré-partagée :

```
# aircrack-ng -w password.lst -b XX:XX:XX:XX:XX:XX psk*.cap
```

où password.lst est un fichier de dictionnaire dans le chemin d'accès local.

Une attaque réussie du dictionnaire WPA/WPA2 produira une sortie de la clé pré-partagée (Figure 3), et le mot de passe résultant !

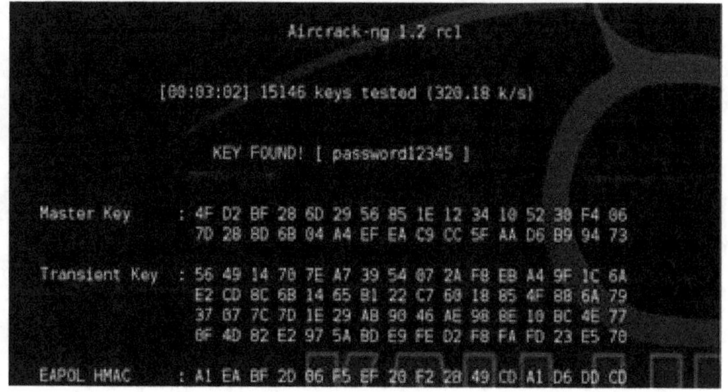

Figure 44 - Un mot de passe WPA2 craqué (itfellover.com)

LE NONCE "KRACK"

Bien que la désauthentification par injection de paquets puisse accélérer considérablement le craquage d'une clé WPA/WPA2, elle est facilement contrecarrée par la simple utilisation d'un mot de passe plus complexe. Les attaques par dictionnaire sont en effet inutiles contre les longues chaînes de caractères aléatoires. Des méthodes plus avancées sont nécessaires pour casser un réseau WPA2 bien mis en œuvre.

Tout récemment, des chercheurs ont découvert une vulnérabilité dans le processus de poignée de main à quatre voies de la WPA2 et ont présenté un document sur leurs conclusions lors d'une conférence technique. Cette procédure est connue sous le nom de Key Reinstallation AttaCK (KRACK). Cette attaque exploite l'utilisation du nonce cryptographique (présenté dans le chapitre précédent) qui est émis lors de l'authentification. Bien que, de par leur nature même, les nonces ne soient censés être utilisés qu'une seule fois et jetés, le protocole WPA2 ne prévoit aucun mécanisme pour garantir cela. Par conséquent, si le processus de poignée de main peut être manipulé de manière à forcer la réémission d'un nonce, des informations sur la clé peuvent être glanées par des pirates informatiques.

Rappelez-vous qu'à l'étape 3 de la poignée de main à quatre, le point d'accès envoie un message final au client et attend un accusé de réception. Il n'est pas rare, surtout dans les communications sans fil où les interférences de signaux sont importantes, que des paquets soient perdus lors de la transmission. Si le point d'accès ne reçoit pas d'accusé de réception du client, il renvoie donc le message de poignée de main numéro 3 jusqu'à ce qu'il soit accusé de réception ou jusqu'à ce que le temps s'écoule. Chaque fois que le client reçoit ce message, il réutilise le nonce jusqu'à ce que la poignée de main soit terminée ! KRACK fonctionne en interceptant les transmissions du message numéro 3 du PA et en spoofant la perte de paquets en les retransmettant au client afin de forcer la réutilisation du Snonce.

Ce qu'il faut retenir de cette attaque, c'est qu'elle

permet simplement au pirate de décrypter le contenu des paquets du client, révélant ainsi des informations potentiellement sensibles. Elle ne permet cependant pas de craquer le mot de passe du réseau lui-même. La procédure est avancée et multidimensionnelle, nécessitant l'écriture de certains scripts pour mener l'attaque. Une démonstration est disponible dans la vidéo suivante :

https://youtu.be/Oh4WURZoR98

Figure 4montre le contenu d'un paquet qui a été décrypté avec succès en utilisant les procédures KRACK. Dans cette démonstration, le paquet (c'est-à-dire le "frame") contenait des données de formulaires d'utilisateurs soumis à un site web.

```
▸ Frame 1331: 633 bytes on wire (5064 bits), 633 bytes captu
▸ Ethernet II, Src: SamsungE_6e:6b:20 (90:18:7c:6e:6b:20), [
▸ Internet Protocol Version 4, Src: 192.168.100.60, Dst: 62.
▸ Transmission Control Protocol, Src Port: 37140, Dst Port:
▸ Hypertext Transfer Protocol
▾ HTML Form URL Encoded: application/x-www-form-urlencoded
  ▸ Form item: "grant_type" = "password"
  ▸ Form item: "username" = "lala@test.com"
  ▸ Form item: "password" = "secrestpassw0rd1"

0230  0a 0d 0a 67 72 61 6e 74  5f 74 79 70 65 3d 70 61   ..
0240  73 73 77 6f 72 64 26 75  73 65 72 6e 61 6d 65 3d   ss
0250  6c 61 6c 61 25 34 30 74  65 73 74 2e 63 6f 6d 26   la

   Text item (text), 20 bytes          Packets: 1371  Displayed: 21 (1.5%)
```

Figure 45 - Une attaque réussie de KRACK (www.krackattacks.com

)

CHAPITRE 12. ROUTEURS SANS FIL ET EXPLOITATION DES RÉSEAUX

L'accès à un réseau sans fil est un accomplissement (qui sera d'autant plus difficile que la sécurité du Wi-Fi s'améliore), mais ce n'est qu'un premier pas vers des objectifs plus productifs. Lorsqu'il attaque un réseau sans fil, un pirate informatique a généralement trois objectifs en tête :

1.   Obtenir l'accès à un client sur le réseau
2.   Obtenir l'accès au point d'accès
3.   Exécution d'un déni de service

Ce dernier objectif, le déni de service, ne nécessite pas nécessairement l'accès au réseau, mais peut être atteint en utilisant la même suite d'outils. Ce chapitre aborde certains aspects de la sécurité des routeurs sans fil et décrit les outils utilisés pour analyser et exploiter les membres d'un réseau.

SÉCURITÉ DES ROUTEURS

La rupture du cryptage d'un réseau sans fil vous donne accès au réseau lui-même, mais pas nécessairement aux nœuds connectés. Les clients et les points d'accès auront leurs propres mesures de sécurité auxquelles le pirate devra faire face. Les routeurs sans fil qui sont généralement utilisés comme points d'accès dans un réseau local Wi-Fi sont uniquement destinés à l'accès administratif et possèdent une sécurité intégrée. Les routeurs présentent également certaines vulnérabilités qui, lorsqu'elles sont exploitées, peuvent donner aux pirates informatiques le champ libre sur le réseau. L'accès au routeur donne aux pirates la possibilité de modifier les protocoles de cryptage, d'intercepter des données privilégiées ou de refuser l'accès à des utilisateurs légitimes.

MOTS DE PASSE ADMINISTRATIFS

Le logiciel de configuration d'un routeur sans fil se présente généralement sous la forme d'un micrologiciel intégré à l'appareil. Ce programme, appelé passerelle, est accessible via une interface web client directement à l'adresse IP du routeur. Un utilisateur authentifié accède à l'interface lorsqu'il est connecté au réseau (indépendamment de toute connexion Internet) en tapant l'adresse IP du routeur dans la barre d'adresse de son navigateur web. L'adresse du routeur est généralement un format standard, qui peut varier en fonction de l'âge de l'appareil, et sera incluse dans la documentation du produit ou sur une étiquette attachée à l'appareil lui-même. Il existe deux formats courants d'adresse IPv4 de routeur :

192.168.X.X
10.0.X.X

L'application web accueillera les utilisateurs avec un nom d'utilisateur et un mot de passe sur l'écran d'accueil (voir figure X), mais certaines passerelles peuvent également inclure des informations générales sur le réseau et les clients connectés.

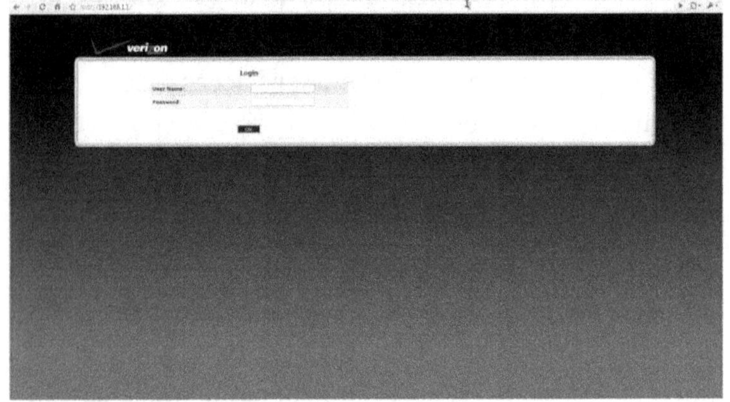

Figure 46 - Connexion au routeur Wi-Fi

Le nom d'utilisateur et le mot de passe administratifs par défaut pour accéder au routeur figurent dans la documentation du produit ou sur l'appareil. De nombreux routeurs, en particulier les plus anciens, ont un nom d'utilisateur et un mot de passe standard pour tous les modèles, de sorte que les administrateurs peuvent réinitialiser l'appareil avec un mot de passe facilement connu s'ils oublient celui qu'ils ont défini. Il s'agit d'une vulnérabilité si le pirate a un accès physique au routeur. De plus, si l'utilisateur néglige de changer le mot de passe par défaut, le mot de passe par défaut de ce modèle de routeur est librement accessible aux pirates en ligne. Dans de nombreux cas, les connexions par défaut sont si courantes et uniformes qu'elles sont rapidement devinées. Certaines combinaisons courantes l'ont été traditionnellement :

nom d'utilisateur : admin mot de passe : <blank>

nom d'utilisateur : admin mot de passe : admin

nom d'utilisateur : <blank> mot de passe : admin

nom d'utilisateur : admin mot de passe : password

Comprehensive databases exists online with router logins sorted by brand and model. One such website is:

http://www.routerpasswords.com/

CRAQUER LE WPS AVEC UN AVION ET UNE BRUTE

Un mode de fonctionnement qui a été ajouté à la norme Wi-Fi ces dernières années est la configuration sans fil protégée (WPS). L'objectif du WPS est de faciliter la connexion des clients sans fil grâce à l'utilisation d'un bouton WPS sur le routeur qui couple le dispositif client avec le routeur, ou bien grâce à un code PIN à 8 chiffres. Le cryptage WPA/WPA2 sous-jacent (le WPS n'est pas disponible avec le WEP) est toujours utilisé, mais les clients utilisent le WPA pour se connecter sans avoir besoin de la clé de cryptage. Cela présente des vulnérabilités évidentes dans la sécurité du routeur. Même si un routeur utilise une clé de cryptage suffisamment puissante pour contrecarrer les méthodes de craquage connues, si le WPS est activé, un pirate n'a besoin que d'utiliser les méthodes de force brute de base pour obtenir le code WPS dans un délai raisonnable. De plus, dans certains appareils, même si le routeur est configuré pour se connecter avec un bouton WPS, le réseau peut toujours être piraté avec le pin WPS par défaut du routeur.

Les fabricants de routeurs ont pris conscience de cette vulnérabilité et ont tenté d'y remédier par de nouveaux matériels et des mises à jour de microprogrammes, mais le problème persiste dans de nombreux points d'accès plus anciens et non patchés. Kali Linux comporte un script d'attaque WPS par force brute, appelé bully, qui fonctionne avec la suite Aircrack et un adaptateur sans fil capable de fonctionner en mode moniteur pour casser les deux broches WPS, révélant ensuite le mot de passe de cryptage. Cela peut parfois être fait en quelques heures.

Après avoir placé l'adaptateur Wi-Fi connecté de la machine attaquante en mode moniteur, lancez airodump-ng pour commencer à collecter les paquets, en suivant la procédure décrite dans ce livre et dans

Hacking for Beginners.

Après avoir sélectionné un réseau cible à partir de l'écran airodump (il doit s'agir d'un réseau que vous savez vulnérable, sinon cette procédure ne donnera pas de résultats), lancez l'intimidation pour attaquer le code PIN :

```
# bully mon0 -b <XX:XX:XX:XX:XX:XX> -e <ESSID>
-c <CH>
```

où <XX:XX:XX:XX:XX:XX:XX> , <ESSID> et <CH> sont respectivement l'adresse MAC (BSSID), l'ESSID et le canal du réseau cible. Après avoir couru pendant la durée nécessaire, le tyran se contentera de transmettre le code PIN WPS et la clé de cryptage WPA/WPA2 au terminal de commande.

CARTOGRAPHIE DES RÉSEAUX AVEC NMAP.

Après avoir obtenu l'accès à un réseau sans fil, la prochaine étape importante pour le hacker est de rechercher les vulnérabilités exploitables des clients. Mais tout d'abord, une vue d'ensemble du réseau et de ses clients connectés est utile pour identifier les cibles potentielles. Il n'est pas surprenant que Kali Linux soit fourni avec une application gratuite et open source de cartographie de réseau. Network Mapper, ou **nmap**, scanne un réseau connecté en "pingant" les nœuds du réseau avec des paquets spéciaux conçus pour obtenir une réponse des hôtes. Nmap analyse les paquets de réponse et construit méthodiquement une "carte" du réseau en découvrant les hôtes, en analysant leurs ports et en déterminant le type et les versions des systèmes d'exploitation fonctionnant sur chaque appareil.

Une façon simple de se familiariser avec nmap et de pratiquer la cartographie de réseau est de l'utiliser sur son propre réseau. Comme d'autres commandes Linux, nmap possède un certain nombre d'options qui peuvent être ajoutées à la commande pour spécifier les fonctions souhaitées. L'option "-sn" effectue un simple balayage pour trouver les hôtes ouverts sur le réseau. L'exemple suivant :

```
# nmap -sn 10.0.0.*
```

Il passe en revue toutes les adresses IP dans le domaine fourni et signale les adresses MAC de tous les hôtes ouverts, y compris les fabricants associés à des adresses MAC connues. LaFigure 6montre les résultats sur un réseau domestique sans fil.

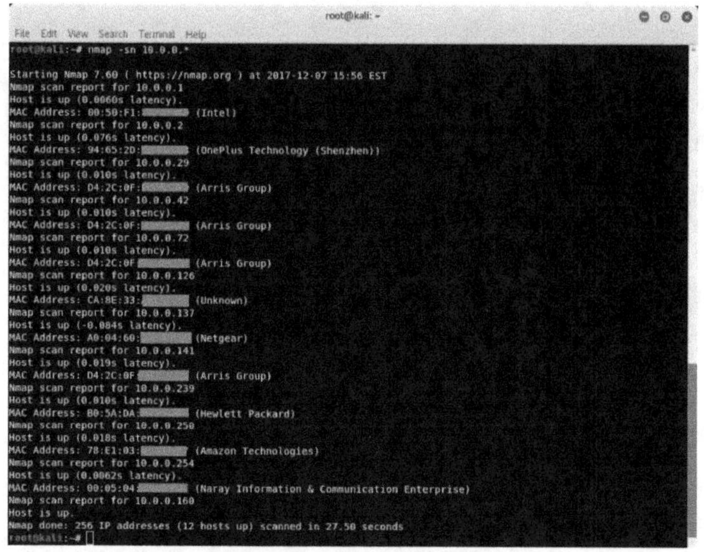

Figure 47 - Résultats de la nmap

Un coup d'œil rapide sur les résultats révèle que les appareils que l'on peut supposer être des smart phones, des tablettes, des routeurs, des imprimantes et des appareils connectés. Certains des noms de fabricants font référence aux adaptateurs réseau de ce qui pourrait être des ordinateurs.

Bien que nmap soit une application en ligne de commande et produise du texte, ses résultats peuvent être analysés par des applications complémentaires qui fournissent une représentation plus visuelle du réseau. L'application zenmap incluse dans Kali Linux peut produire une topologie de réseau graphique (Figure 7) en utilisant nmap comme arrière-plan.

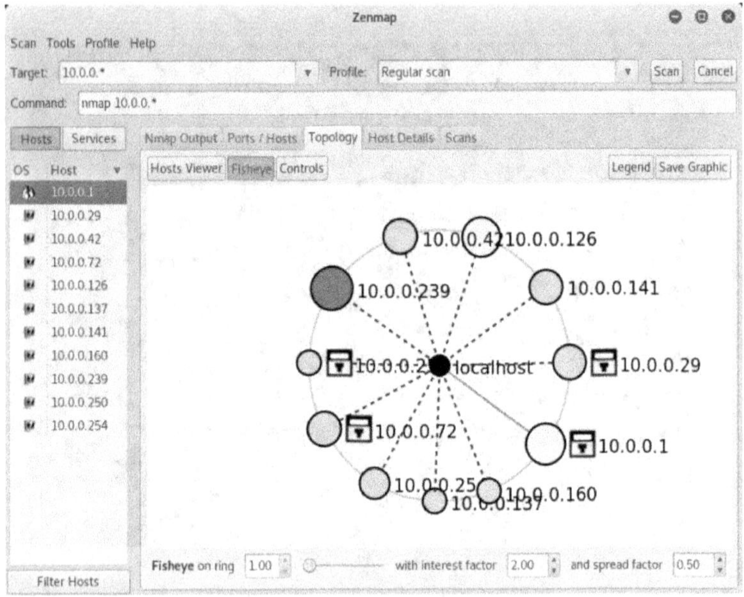

Figure 1 - zenmap results

L'option "-O" (lettre majuscule O) dans nmap peut être utilisée pour déterminer le système d'exploitation fonctionnant sur un hôte cible. Cette information est utile pour planifier un exploit. L'exécution d'un scan du système d'exploitation sur la cible 10.0.0.1 révèle ses ports ouverts et un système d'exploitation basé sur Linux.

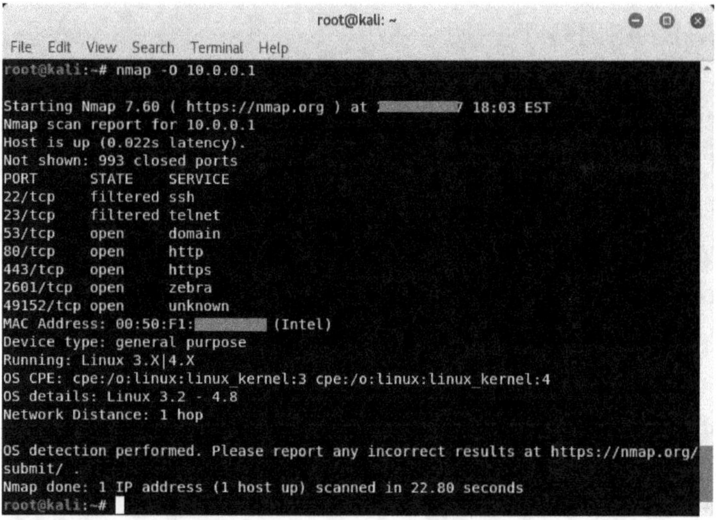

Figure 49 - Numérisation du système d'exploitation dans nmap

Un large éventail d'options nmap permet à l'utilisateur de contrôler la quantité d'informations à collecter et à révéler lors d'un balayage.

Il est important de se rappeler que l'utilisation de nmap n'est pas une activité passive - elle fonctionne en échangeant des paquets avec des nœuds cibles. Certaines machines sont équipées pour détecter le moment où elles sont scannées et pour déclencher une alerte, collecter les informations d'en-tête des paquets entrants ou bloquer l'adresse IP d'origine suspecte.

METASPLOIT

Metasploit est l'un des outils les plus puissants de l'arsenal des hackers sérieux. Metasploit fournit un cadre pour la détection et l'exploitation des vulnérabilités dans les ports cibles. Il utilise une base de données constamment mise à jour des vulnérabilités connues du système et de leurs exploits associés. En 2017, Metasploit compte plus de 1600 exploits (et ce nombre ne cesse d'augmenter).

Metasploit nécessite une interface externe pour fonctionner. Il existe plusieurs choix d'interfaces pouvant exécuter Metasploit, dont certaines gèrent également d'autres applications. L'application msfconsole (Metasploit Framework Console), disponible dans Kali Linux, est une interface standard pour exécuter Metasploit. A lancer :

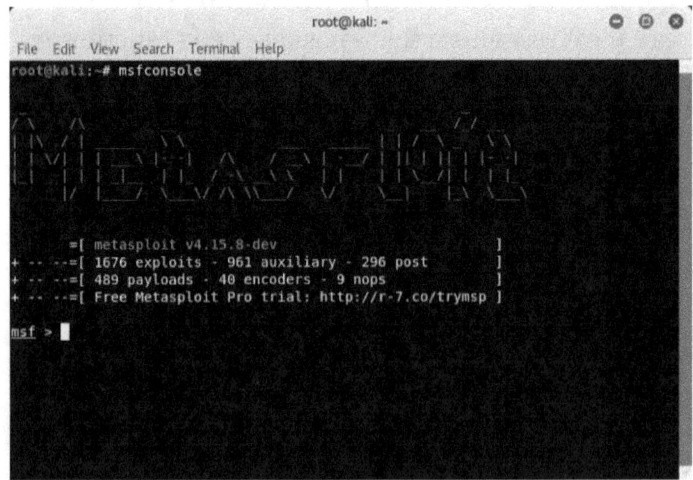

Une caractéristique utile de msfconsole est que d'autres outils, comme nmap, peuvent être exécutés dans l'interface - bien qu'avec une syntaxe parfois différente de celle du terminal de commande Linux - pour exécuter nmap sur une cible sélectionnée :

```
msf > db_nmap <options> <target ip>
```

Après avoir identifié une cible, vous pouvez rechercher dans la base de données metasploit les vulnérabilités du système d'exploitation ou du service ouvert identifiées lors de vos scans :

```
msf > search <keyword>
```

où <mot-clé> identifie le service ou l'application cible :

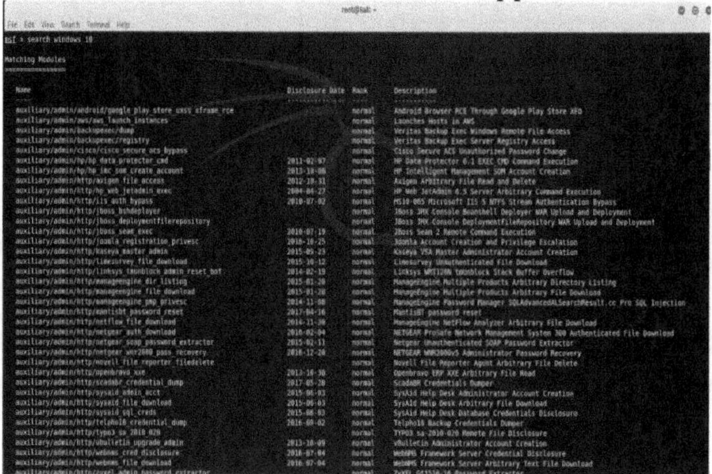

Figure 51 - Recherche de vulnérabilité du métasploit

Les vulnérabilités connues sont répertoriées et décrites avec leurs dates de découverte respectives.

CHAPITRE 13. DÉNI DE SERVICE SANS FIL

Les attaques par déni de service (DoS), introduites en principe dans Hacking for Beginners, sont des tentatives d'empêcher des utilisateurs légitimes d'accéder à des services ou des ressources sur un hôte donné. Les raisons des attaques par déni de service vont de la méforme générale et de l'activisme social ou politique aux activités plus graves de chantage ou de guerre électronique parrainée par l'État. Les attaques par déni de service sont relativement faciles à exécuter car elles ne nécessitent pas nécessairement l'accès au système cible et n'impliquent donc pas de décryptage compliqué ou d'injection de charges utiles. Par conséquent, ces attaques peuvent être lancées sur l'internet à partir de plusieurs endroits anonymes, dont beaucoup peuvent être des hôtes détournés qui sont devenus des participants involontaires. Ce phénomène, connu sous le nom de déni de service distribué (DDoS), est très difficile et coûteux à prévenir.

Le déni de service sans fil diffère des attaques traditionnelles par déni de service "filaire" en ce que l'attaquant (du moins, l'hôte attaquant le point d'extrémité) doit se trouver dans la gamme de fréquences radio du point d'accès cible. Les attaques par déni de service sans fil peuvent être exécutées en brouillant le signal Wi-Fi sur le canal cible ou en forçant le point d'accès à désauthentifier de manière répétée les clients associés légitimes. Il ne s'agit pas d'attaques passives et il peut être nécessaire de prendre soin de brouiller la source des paquets offensants.

Il existe un certain désaccord quant à savoir si le déni de service est techniquement un "piratage", puisque l'attaquant n'a pas réellement accès aux ressources. Quoi qu'il en soit, les attaques par déni de service impliquent le même ensemble de compétences et d'outils que les autres types de piratage et entraînent un comportement non intentionnel du système. Comme pour tout autre type d'attaque, les professionnels de la sécurité doivent comprendre comment elles sont menées afin de s'en prémunir. De plus, les attaques de déni de service sont souvent un précurseur d'activités plus intrusives et sont utilisées pour forcer les clients à accéder à des points d'accès compromis.

ATTAQUES DE DÉNAUTHENTIFICATION

Le chapitre 9 traite du processus de poignée de main avec lequel les réseaux Wi-Fi authentifient les clients. Ce processus implique un échange de paquets en plusieurs étapes entre l'agent d'authentification (généralement un point d'accès ou un routeur) et le client. L'une des responsabilités du point d'accès (AP) est de ré-authentifier les clients qui ont été temporairement déconnectés (ce qui est courant dans les réseaux sans fil), ce qu'il fait en invitant le client à accuser réception (ACK) du paquet de poignée de main initial.

Une attaque de désauthentification (deauth) fonctionne en envoyant un flux de paquets à la fois à l'AP et au client. Le PA et le client répondent par des paquets ACK qui sont hors contexte pour une procédure de poignée de main standard (Figure 11). Tant que cette attaque est maintenue, le client attaqué ne peut pas être correctement authentifié sur le réseau. C'est un exemple d'attaque de type "man-in-the-middle" (voir Hacking for Beginners). Elle ne nécessite que des paquets usurpés et n'exige pas que la machine attaquante fasse partie du réseau ou possède la clé de chiffrement.

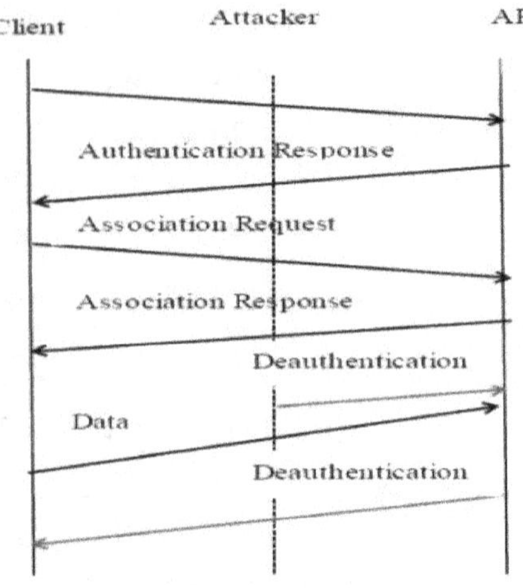

Figure 52 - Attaque de dénauthentification (opensourceforu.com)

ATTAQUES "DEAUTH" AVEC UN AVION

Une simple attaque de déni de service Wi-Fi peut être lancée en utilisant la suite de l'avion et un adaptateur sans fil approprié qui prend en charge le mode moniteur.

En suivant la procédure décrite dans les chapitres précédents, mettez l'adaptateur Wi-Fi connecté de la machine attaquante en mode surveillance et lancez l'airodump-ng pour commencer à collecter les paquets. Vous pouvez également usurper votre adresse MAC avec macchanger pour conserver un certain anonymat. Choisissez dans la liste airodump un client que vous souhaitez refuser. Pour cette attaque, vous aurez besoin du BSSID (adresse MAC) du client et de l'AP associé. La commande d'injection de paquets aireplay-ng est utilisée pour la désauthentification :

```
#aireplay-ng -0 1 -a 00:14:6C:XX:XX:XX -c
00:0F:B5:XX:XX:XX ath0
```

Où -0 indique au programme d'injecter des paquets de décibels. Le "1" est le nombre de fois que la procédure doit être exécutée, en envoyant 64 paquets à chaque noeud. Plus le nombre est élevé, plus l'attaque durera longtemps. Un "0" fait que l'attaque se répète jusqu'à ce qu'elle soit arrêtée manuellement. L'option -a est suivie du BSSID de l'AP et l'option -c du BSSID du client. "ath0" est l'adaptateur wifi attaquant.

Chapter 14. Conclusion

Éthique

Hacking for Beginners aborde les différents "chapeaux" du piratage informatique - le noir, le blanc et le gris. Le chapeau noir est l'idée stéréotypée de la façon dont la plupart des gens dans la société conçoivent les pirates informatiques - ceux qui veulent accéder sans autorisation à la propriété ou aux informations d'autrui. Le chapeau blanc est le "bon gars" - celui qui apprend les ficelles du métier afin d'empêcher l'exploitation des biens ou de traquer les délinquants. Le chapeau gris est un peu hybride, il utilise ses compétences en matière de piratage (bien que sans la connaissance ou l'autorisation préalable des propriétaires) pour exposer les faiblesses des systèmes afin que ceux-ci puissent être renforcés. Quelles que soient les motivations de chacun, la base de connaissances et la boîte à outils générale restent les mêmes. Le piratage informatique nécessite de comprendre comment les équipements informatiques communiquent à différents niveaux, quelles sont les vulnérabilités des machines et des réseaux, et comment ces vulnérabilités sont exploitées. Cette connaissance demande du temps, de la pratique, de l'étude et de la discipline, et ce n'est pas quelque chose que les gens de tous les jours connaissent. Par conséquent, les pirates informatiques qualifiés ont la capacité d'infliger ou de prévenir de nombreux dommages aux individus, aux organisations et à la société.

Chaque hacker devrait donc adopter un certain code d'éthique pour les guider. Même les chapeaux noirs auront une ligne de conduite qu'ils ne franchiront pas en menant leurs attaques. Les forces de l'ordre prennent très au sérieux la sécurité de l'information et la prévention des attaques généralisées contre les identités individuelles, le commerce et les institutions gouvernementales. Les lois et leur application varient selon les lieux, mais tout pirate informatique - qu'il soit noir, blanc ou gris - doit avoir une parfaite compréhension des risques qu'il prend. Cela est particulièrement vrai pour les pirates débutants qui n'ont pas l'expérience nécessaire pour cacher leurs traces ou pour prévenir les dommages collatéraux. Une attaque mal conduite pourrait effacer ou corrompre des informations, ou entraîner d'autres conséquences non voulues. C'est pourquoi il est important de pratiquer ses compétences sur les systèmes dans un "bac à sable" isolé jusqu'à ce qu'on ait suffisamment confiance pour attaquer un autre système.

MAINTENIR LE HACKER'S EDGE

Il y a une course perpétuelle entre la communauté des pirates informatiques et celle de la sécurité de l'information. Lorsqu'une vulnérabilité est découverte, elle a tendance à se propager sagement et rapidement comme le montre l'attaque WPA Krack décrite au chapitre X. Le personnel de sécurité essaie de suivre le rythme en effectuant constamment des correctifs ou des mises à jour pour protéger les systèmes. Les pirates informatiques doivent constamment perfectionner leur art et repousser les limites afin de conserver un avantage. Comme toute compétence, les compétences des pirates informatiques diminuent si elles ne sont pas utilisées régulièrement. En outre, le paysage de la sécurité informatique est en constante évolution. La nature open source de la plupart des outils de piratage signifie qu'il y a de fréquents changements de fonctionnalité et de syntaxe qui doivent être maintenus à jour. Les vulnérabilités sont publiées et corrigées presque quotidiennement, et les normes de cryptage sont poussées très fort pour assurer une meilleure sécurité contre les attaques.

Donc, pour conserver un avantage et avoir une chance raisonnable de devenir un hacker prospère, il faut faire ce qui suit :

1.   Maintenir les versions actuelles de tous les systèmes d'exploitation, scripts, outils et environnements de programmation

2.   Pratiquer les compétences sur une base régulière, dans un environnement sablonneux, en mettant

l'accent sur l'amélioration de la rapidité et de l'anonymat

3.	Sonder périodiquement leur propre système et adopter les mesures de sécurité appropriées

Avoir un cycle de lecture quotidien ou hebdomadaire sur les développements de la sécurité offensive et défensive (magazines, revues, articles sur le web, babillards électroniques, communautés de pirates du web noir, etc.

À PROPOS DE L'AUTEUR

Alan T. Norman est un hacker fier, avisé et éthique de la ville de San Francisco. Après avoir obtenu une licence en sciences à l'université de Stanford. Alan travaille maintenant pour une entreprise de technologie informatique de taille moyenne au cœur de SFC. Il aspire à travailler pour le gouvernement des États-Unis en tant que hacker de sécurité, mais il aime aussi enseigner aux autres l'avenir de la technologie. Alan croit fermement que l'avenir dépendra fortement des "geeks" de l'informatique, tant pour la sécurité que pour les succès des entreprises et les futurs emplois.
Pendant son temps libre, il aime analyser et examiner tout ce qui concerne le basket-ball.

BALEINES DE BITCOIN LIVRE BONUS

Link on Book: ***bit.ly/2LprwpV***

Cryptotrading Pro

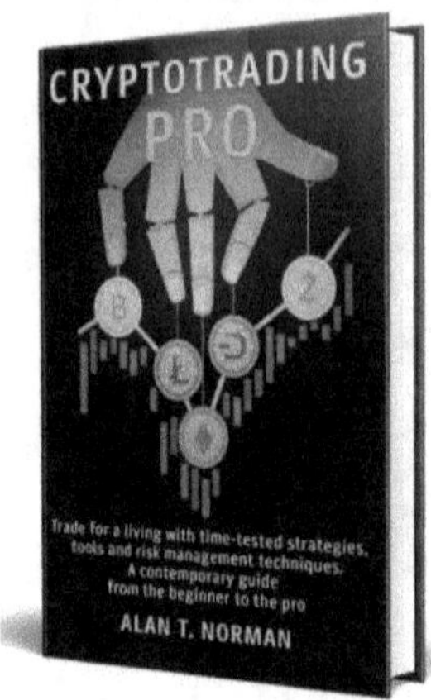

Mastering Bitcoin for Starters

Cryptocurrency Investing Bible

Blockchain Technology Explained

Hacking: Computer Hacking Beginners Guide

Hacking: How to Make Your Own Keylogger in C++ Programming Language

HACKING
HOW TO MAKE
KEYLOGGER
C++ PROGRAMMING LANGUAGE
COMPILED AND EDITED BY:
ALAN T. NORMAN

Une dernière chose…

Avez-vous apprécié le livre?

SI OUI, FAITES-MOI SAVOIR EN LAISSANT UN EXAMEN SUR AMAZON! Les critiques sont la pierre angulaire des auteurs indépendants. J'apprécierais même quelques mots et une note si c'est tout ce que vous pourriez faire.

 SI VOUS N'AIMEZ PAS CE LIVRE, VEUILLEZ ME DIRE! Écrivez-moi à alannormanit@gmail.com et dites-moi ce que vous n'avez pas aimé! Peut-être que je peux le changer. Dans le monde d'aujourd'hui, un livre n'a pas à stagner, il peut s'améliorer avec le temps et les commentaires de lecteurs comme vous. Vous pouvez avoir un impact sur ce livre et j'apprécie vos commentaires. Aidez à rendre ce livre meilleur pour tout le monde!